ESSAI

SUR

LE SYSTÈME SOCIAL.

ESSAI

SUR

LE SYSTÈME SOCIAL.

par Bourget

Vous tous, qui vous targuez de la justice
de votre cause, prenez et lisez.

—➤✳◀—

PARIS,

DE L'IMPRIMERIE DE J. B. SAJOU,
Rue de la Harpe, n.° 11.

1819.

PRÉFACE.

DE toutes les sciences, celle de la législation est peut-être la seule qui tende directement au but que tout homme, qui se mêle d'écrire, devroit se proposer. Il y a cette différence, entre elle et les autres, que ses résultats doivent être l'objet de l'amour et de la vénération de tous ceux qu'ils concernent; et, comme ils concernent tout le monde, en général et en particulier, tout le monde aussi doit les connoître; car, le moyen de faire croire sur parole à un homme, qu'il est nécessaire, pour son bonheur, qu'il fasse le sacrifice d'une partie de sa liberté, lorsque ses passions lui disent le contraire? Il est vrai que l'on est venu à bout de forcer les récalcitrans à se soumettre aux lois, mais pas dans toutes les occasions, et encore moins avec exactitude; car une soumission forcée est toujours

I

incomplète, et se change en fureur à la première occasion favorable. Il importe donc
beaucoup, pour s'assurer d'une obéissance
prompte et entière à la loi, de la part des
citoyens, qu'ils la connoissent, et qu'ils
soient convaincus de son absolue nécessité. Il semble qu'on ait lieu de s'étonner,
que cette science ait fait si peu de progrès
depuis au moins six mille ans, tandis que
les autres sont presque arrivés à leur plus
haut point de perfection, en moins d'un
siécle. L'étonnement cessera, si l'on considère que, pour obtenir l'obéissance en
question, il faudroit que les lois fussent si
claires et si équitables, qu'elles frappassent
l'esprit et le cœur du sentiment de leur rectitude au premier abord. Est-il donc si difficile de faire un tableau clair et précis des
devoirs et des droits du citoyen ? Cette
tâche est-elle au dessus des forces humaines?
Non: mais, parmi ceux qui jusqu'ici ont eu
assez de talens pour cela, les uns, pauvres
et ambitieux tout-à-la-fois, ont fait de ces
talens une branche de commerce pour s'en-

richir; si, quand ils ont aperçu un principe lumineux, ils l'avoient publié comme font les mathématiciens; et que les autres, par le moyen de cette découverte, en eussent fait de nouvelles, il est probable que l'on seroit bientôt arrivé à la perfection législative : mais ils s'en sont bien donnés de garde, parce que cela auroit tari la source de leur future opulence, et leur auroit attiré la haine des grands, deux motifs qui ont toujours légitimé les omissions et les bassesses les plus criminelles : ils ont donc tout embrouillé et tout dénaturé, pour pêcher plus longtemps à l'eau trouble, et ne se point faire d'ennemis redoutables. L'on en a même vu écrire contre leurs propres sentimens en faveur d'absurdes préjugés, pour établir d'injustes prétentions, et pour faire prévaloir des partis dont ils attendoient des faveurs éclatantes. Les autres, heureux depuis longtemps à l'ombre des ténèbres, étoient bien éloignés de vouloir les dissiper, de peur que le public ne s'aperçût qu'il étoit leur dupe, et qu'il ne

s'avisât de vouloir leur enlever ce superflu
de bonheur usurpé, qui devroit être également réparti sur tous les membres de la
société. Cependant, comme l'activité est naturelle à l'homme, au moins dans nos climats, et que ceux-ci n'étoient pas obligés
d'exercer la leur pour se procurer les choses
nécessaires à la vie, ils ont tourné leur
génie d'un autre côté : les uns se sont jetés
dans le labyrinthe de la métaphysique, de
la théologie ; d'autres, dans les fictions de
la poésie, l'art oratoire, toutes les parties
des mathématiques, l'histoire naturelle, et
celle des peuples, qu'ils ont écrite d'après
leurs préjugés, et selon leurs vues et intérêts. Tous ces honnêtes gens ont été salariés,
caressés et protégés par les gouvernemens,
prônés par leur cabale, et admirés par le
public, auquel ils n'ont jamais fait de bien,
et souvent beaucoup de mal. D'autres, en
trop petit nombre pour exercer une grande
influence, o██ eu assez de courage et de
probité, pour dire quelques vérités utiles
et hardies ; mais leurs ouvrages n'avoient

pas plutôt vu le jour, que les courriers du despotisme se mettoient en campagne, jetoient l'alarme dans la capitale et les provinces; l'autorité les prohiboit sous les peines les plus sévères; les prêtres les anathématisoient; les égoïstes les dénonçoient aux sots, comme des productions infernales; les pères et mères les en croyoient sur parole, et n'en parloient qu'avec horreur devant leurs enfans : ceux-ci, une fois prévenus, auroient cru commettre un crime irrémissible en les lisant, et croupissoient ainsi toute leur vie dans l'ignorance de ce qu'ils auroient dû le mieux savoir. L'on ne se contentoit pas d'attaquer les écrits, l'on ne négligeoit rien pour ravir à l'auteur sa gloire et sa réputation; sa probité étoit mise en question, ses mœurs calomniées, ses desseins travestis; l'on appeloit sur lui la vengeance du ciel et de la terre, comme sur une peste publique; enfin, la juste célébrité qu'il s'étoit acquise, n'étoit pour lui qu'un titre de proscription. L'on conçoit aisément que, dans de pareilles circon-

stances, et avec de telles manœuvres, il étoit
bien difficile de voir éclore un plan de ré-
forme ou de régénération bien fixe et bien
digéré. Dans la suite, la plupart des publicistes, voyant l'opiniâtreté avec laquelle
beaucoup de ministres de la religion sou-
tenoient le despotisme le plus outré, dans
leurs prédications ou leurs écrits, attri-
buèrent à la religion les principes de quelques ministres corrompus, ignorans ou
méchans, et crurent ne pouvoir jamais mettre ceux-ci à la raison, tant que celle-là
existeroit : ils lui vouèrent donc une haine
implacable, et lui firent une guerre à mort;
cet acharnement, et le mauvais succès
qu'eut l'impiété dans la pratique, discrédita
tellement les philosophes et la philosophie
elle-même, que ce mot seul fait sur certains
esprits l'effet qu'un spectre hideux opère
sur une femme nerveuse. Enfin, des hommes
plus calmes s'aperçurent bientôt que l'impiété étoit beaucoup plus favorable au despotisme que la religion, qu'il n'étoit point
de l'essence de celle-ci de fermenter celui-

là , et qu'il suffisoit de mettre les prêtres
égoïstes et méchans dans l'heureuse impossibilité de la corrompre, pour la faire servir
puissamment à procurer à l'homme la plus
grande somme de bonheur temporelle possible. Pouvoit-on arriver à ce but avec le
système actuel? C'est ce qui leur parut impraticable : alors quelques-uns d'entre eux
se mirent à méditer sur cette importante
matière; plusieurs plans parurent, dont le
but étoit le même, et les moyens différens;
nous avons pris, des uns et des autres, ce
que nous avons cru le meilleur; et nous y
avons ajouté, de notre propre fonds, ce qui
nous a paru indispensable; ensuite, nous
en avons formé un tout qui sera exposé et
examiné dans la seconde partie de cet Essai.
Les sangsues publiques ne manqueront sans
doute pas de signaler la première comme
infernale, et la seconde comme impraticable : ces allégations sont une manière de
raisonner sûre, commode et bien d'accord
avec les passions des grands; car, en se con-
tentant de qualifier un ouvrage de quel-

ques épithètes odieuses, telles qu'incen-
diaires, absurdes, etc., ils ne s'exposent
pas à mettre eux-mêmes leur égoïsme et
leurs iniquités en évidence; ce qu'ils feroient infailliblement, s'ils entreprenoient
de réfuter des vérités incontestables: d'ailleurs, en proclamant hardiment l'absurdité
d'un système, ils se dispensent d'en faire
l'essai, et conservent leurs avantages avec
une plus grande sûreté de conscience ap-
parente. Mais il ne s'ensuit pas qu'un livre
est mauvais, parce qu'un courtisan le dit
et le désire; ni qu'une chose est impraticable, parce qu'elle est difficile, ou qu'elle
n'a jamais existé. Si les premiers tuteurs des
peuples s'étoient imaginés que l'art de la
navigation seroit un jour fatal à leur autorité, et qu'ils eussent, ainsi que leurs successeurs, employé la force, la ruse, la
superstition, et tous les autres moyens ma-
chiavéliques, pour l'empêcher de naître,
ou faire échouer toutes les tentatives de
perfectionnement, l'on seroit peut-être encore convaincu qu'il est impossible d'aller

de Calais à Douvres, tandis que l'on va de Londres à Calcutta avec autant de facilité que d'Angleterre en France. Combien de projets de réformes et de perfectionnemens se sont réalisés au grand avantage du public, lesquels ont été regardés comme absurdes et subversifs de la société, dans le temps qu'on les proposoit? L'on auroit traité de séditieux quiconque auroit prêché l'émancipation des serfs en France et en Angleterre, dans le dixième siécle : les seigneurs auroient vu, dans cette proposition, le dessein formé de les faire mourir de faim, comme le croiroient encore les colons des Antilles, si l'on y abolissoit l'esclavage; et cependant, dans ces bons vieux temps, l'Europe faisoit à peine végéter quarante ou cinquante millions d'habitans; tandis qu'aujourd'hui, malgré la barbarie des Turcs, des Russes, d'une partie de l'Allemagne, la paresse et l'ignorance des Espagnols, elle en entretient presque deux cent millions, quelques-uns dans un luxe raffiné, les autres dans l'abondance, et la

plupart du reste dans une décente médiocrité, si l'on compare l'état de ces personnes
avec celui de la dernière classe , dans le
temps où l'esclavage régnoit partout. S'il
est prudent de se défier des assertions hardies et tranchantes , il est déraisonnable
d'ajouter foi aux dénégations vagues ou
égoïstes. L'on a retenu quarante ans Galilée
dans un cachot, pour avoir annoncé des Antipodes et le mouvement de la terre autour
du soleil; cependant, les Antipodes ont été
trouvés, et le mouvement de la terre démontré. Colomb a été le sujet des plaisan-
teries et des sarcasmes de la plupart des
cours de l'Europe, pour avoir prédit l'existence d'un Nouveau Monde : ce Nouveau
Monde a été trouvé, et le ridicule ou l'infamie dont on avoit voulu couvrir ces har-
dis novateurs, sont tombés d'aplomb sur
ceux qui les ont bafoués ou persécutés.
Puisque les tentatives hardies ont eu des
succès aussi heureux dans les sciences physiques, y auroit-il de la témérité à dire
qu'elles en auroient aussi dans les sciences

morales, si les gouvernemens, au lieu de
les craindre et de les étouffer, les désiroient
et les encourageoient? Nous sommes bien
persuadés que non; nous ne doutons même
pas que plus d'un souverain n'eût réussi à
changer totalement la face du système social actuel, si, tournant leur ambition de
ce côté-là, ils avoient donné à cette entreprise autant de soins, et pris autant de
peine qu'ils en ont pris pour affermir un
despotisme qui a fait abhorrer les uns, et
culbuter les autres.

Une seconde espèce d'hommes, dont le
plus grand défaut est d'avoir un cœur à
l'épreuve contre tout sentiment généreux,
nous demanderont peut-être pourquoi nous
perdons notre temps à faire un livre qui
peut nous attirer une foule d'ennemis, ou
de sanglantes persécutions : ces messieurs
ne découvrent pas tout-à-fait le fond de
leur pensée; si la honte ne les retenoit, ils
nous conseilleroient probablement d'élever
notre fortune sur les vices de la société,
soit en prenant part à la tyrannie, soit en

écrivant, comme tant d'autres, pour la justifier, ou sur des matières tout-à-fait propres
à détourner l'attention des peuples du sentiment de leur misère. Nous laissons à tous
les cœurs droits, sensibles et généreux, le
soin de répondre à ces nouveaux galia-
noïstes (1), qui regardent comme le comble de la folie de s'occuper des maux qui
ne tombent pas directement sur soi.

Mais nos ennemis les plus redoutables
seront certaines personnes pour lesquelles
la raison est une véritable bête noire. Dès
qu'un auteur la prend pour guide, elles le
condamnent impitoyablement : envain leur
répète-t-on que Dieu ne nous ayant pas révélé les secrets de la nature, il a dû nous
donner le moyen de découvrir au moins
ceux qui nous sont nécessaires et utiles;
que ce moyen n'est autre que l'exercice le

---

(1) L'abbé Galiano, célèbre égoïste, offensé de ce
que les philosophes ne s'occupoient que des mœurs
d'autrui, disoit : « Peste soit du prochain ! Demandez
ce qu'il vous faut, ou vous taisez. »

plus étendu de notre raison ; que cet exercice ne peut avoir d'objet plus légitime que
le perfectionnement de tout ce qui peut
contribuer à notre bonheur, tant au moral
qu'au physique ; ce qui ne peut se faire que
par des innovations et des essais, témoins
la profonde misère où croupissent, de génération en génération, les peuples qui
s'obstinent à suivre servilement de vieilles
routines ; que, sans la raison, nous reste-
rions toujours dans l'erreur, si nous avions
le malheur d'y naître, ou nous devien-
drions le jouet de tout imposteur qui seroit
assez adroit pour nous éblouir par des
prestiges. Tous ces raisonnemens ne les
ébranlent point : à les entendre déclamer
contre la raison, l'on diroit qu'elles sont
persuadées que Dieu ne nous l'a donnée
que pour nous égarer, et qu'il ne pouvoit
nous faire un présent plus fatal : elles ne
portent cependant pas l'extravagance jusqu'à dire qu'il faut lui préférer la démence,
mais elles veulent que l'autorité soit la règle
d'or, le guide par excellence, comme si elles

ignoroient qu'il n'est aucun système réli-
gieux ou politique, quelque détestable qu'il
soit, qui n'ait son autorité ; que c'est le langage de tous les tyrans, de tous les imposteurs, des charlatans de toute espèce et de
toute dénomination. Que l'on examine sans
partialité ce qu'ont fait les siècles d'autorité
et les siècles de raison, et qu'on nous dise
ceux qui ont le mieux mérité du genre humain. Les Français étoient-ils plus heureux
sous Charles IX que sous Louis XVIII ? Les
Anglois plus libres sous Henri V que sous
Guillaume III ? Les Hollandois plus riches
sous le duc d'Albe que sous les stathouders ;
et les Russes moins esclaves avant Pierre-
le-Grand que sous Alexandre ? Est-ce un
plus grand bienfait, pendant qu'on vit soi-
même dans la mollesse, de forcer le peuple
à se contenter *des lointains veloutés de
l'espérance*, que d'essayer de le mettre à
portée de vivre dans une abondance honnête ? Vaut-il mieux que la noblesse soit
fière et tyrannique, que modeste et soumise aux lois ? Que le clergé soit riche,

puissant, paresseux et immoral, que sage, laborieux, sobre, et dans une heureuse médiocrité? Nous sommes bien convaincus qu'il n'y a pas d'homme assez impudent pour répondre à ces questions autrement que nous ne ferions nous-mêmes.

Il y a dans tous les pays un certain nombre d'individus qui ne balanceroient pas à corrompre une société d'Anges, s'ils avoient la perspective de pouvoir un jour la gouverner au gré de leurs caprices : ceux-là se gendarmeront encore contre notre système. A eux se joindroient aussi ceux qui sont trop avides de jouissances factices, quoiqu'ils sachent bien qu'elles sont préjudiciables à leur santé, qu'elles s'émoussent par l'habitude, et que celles que nous leur offrons sont les seules légitimes. Quel succès peut donc espérer un sytème qui aura tant d'adversaires? Bien peu, sans doute; mais nous ne croirons pas avoir perdu notre temps, s'il peut servir de base, ou seulement de guide, au législateur futur de quelque société neuve : d'ailleurs, les réflexions qui le précèdent apprendront à bien des personnes de bonne foi, qu'elles soutiennent quelquefois, comme justes et sacrées, des choses qui ne sont que le produit de l'orgueil et d'un vil intérêt. Puissent-elles aussi convaincre les exagérés, qu'ils ont eu tort de trop vanter le bon vieux temps!

ESSAI

SUR

LE SYSTÈME SOCIAL.

PREMIÈRE PARTIE.

CHAPITRE PREMIER.

INTRODUCTION.

IL est peu d'hommes accoutumés à réfléchir
qui ne se soient souvent demandés, d'où a pu
venir aux peuples civilisés, cette impatience
du joug des anciennes institutions, ou plutôt
cette fièvre politique qui les tourmenta toujours? Parmi ceux qui ont voulu en indiquer
la cause, quelques-uns ont cru là voir dans la
corruption de l'espèce humaine; les théologiens, dans l'oubli de la vraie religion; d'autres l'attribuent aux progrès des lumières qu'ils
appellent pernicieuses; et quelques philosophes,
à ce que l'homme est sorti de l'état de nature
qu'ils regardent comme son véritable élément.
Les philosophes chrétiens rejettent les deux

2

premières opinions, parce que pour bien réussir
à mettre un peuple sous le joug, il faut commencer par le corrompre, et parce qu'il n'en
est point de plus soumis que ceux d'Asie et
d'Afrique, qui sont presque tous Païens ou
Infidèles : ils admettent en partie les deux dernières, en convenant que l'homme n'est point
dans son assiette naturelle, et que les lumières
fomentent cette impatience qui travaille depuis cinquante ans les peuples d'Europe et du
Nouveau Monde; mais, au lieu d'en conclure
que l'homme n'auroit jamais dû sortir de l'état
de nature, et que les lumières dont on se plaint
soient pernicieuses, ils en infèrent seulement
qu'il a des droits imprescriptibles à un bonheur
dont il est injustement privé. Pour découvrir
les causes de cette privation, ils ont remonté
jusqu'aux sources du bonheur, qui sont l'agriculture, la religion et un bon système social :
comme les deux premières sont connues depuis
un temps immémorial, sans que l'homme en
soit plus heureux, ils en ont conclu que la dernière ne l'étoit pas, et qu'elle seule suffisoit pour
empêcher les deux autres d'atteindre leur véritable but. En effet, disent-ils, sans un bon
système social, l'agriculture languit dans l'imperfection, les arts prennent une direction vicieuse

ou criminelle, et l'édifice sacré de la religion
devient souvent le véhicule de la cupidité et
de la plus cruelle tyrannie : avec lui, au contraire, l'agriculture atteint bientôt toute la perfection dont elle est susceptible, les arts offrent
à l'homme une main secourable dans ses travaux et ses incommodités; la religion sème
sa vie de consolations et d'espérances, adoucit
ses mœurs, et donne à toutes ses institutions une
autorité presque irrésistible; enfin, c'est sous ce
système et sous lui seul, que l'on peut trouver
cette distribution équitable des bienfaits de la
nature, ces lois impartiales, ces sages réglemens,
cet emploi de nos qualités physiques et morales, qui procurent la paix, la santé, une
honnête abondance et la sûreté des personnes et
des propriétés. Intimement convaincus qu'un
ordre de choses qui procure tant et de si
grands avantages, est parfaitement conforme
aux desseins de Dieu sur l'homme, ces philosophes se sont crus obligés en conscience de le
chercher, et font un devoir rigoureux à tous
les hommes auxquels il reste quelques idées de
justice et d'humanité, de contribuer de toutes
leurs forces à son établissement.

Vaines recherches! peines inutiles! s'écrient
certaines personnes, si celui qui nous régit dé-

puis bientôt six mille ans, n'étoit pas le meilleur possible, il y a longtemps qu'il auroit
croulé de lui-même; s'il n'eût pas été dicté par
la divine sagesse, elle ne l'auroit pas tant de fois
sauvé du naufrage et fait triompher de tous les
assauts qu'on lui a livrés : ses ennemis sont donc
les ennemis de Dieu même, des novateurs au-
dacieux, pour lesquels rien n'est sacré, des
factieux qui, sous le voile de la justice et de
l'humanité, sèment partout le mécontentement et
l'esprit de révolte, pour assouvir, dans la confu-
sion et le désordre, l'ambition dont ils sont dé-
vorés.

Tel fut, répondent les novateurs, le langage
des passions dans tous les temps : le despote,
qui s'imagine que le despotisme est le meilleur
des gouvernemens, croit que c'est par méchanceté qu'on le déteste; et, en général, quiconque
trouve son compte particulier dans un certain
ordre de choses, ne conçoit pas comment un
autre peut le trouver mauvais : ce n'est donc
pas merveille que l'égoïste préconise l'égoïsme,
et cherche à diffamer ceux qui le réprouvent :
mais quand on voit cinq ou six cent millions de
créatures humaines, continuellement dépouil-
lées du fruit de leurs pénibles travaux, et toujours tremblantes sous la hache des factions de

-quelques familles qui se disputent l'empire, peut-on croire qu'un système qui entraîne de pareilles conséquences soit ce que l'on peut trouver de plus parfait? N'est-ce pas un horrible blasphême de dire que Dieu autorise quelques milliers d'arrogans et voluptueux Satrapes, à sacrifier le bonheur de tant d'hommes à leurs coupables plaisirs? Prétendre qu'il sanctionne l'esclavage, les tourmens ou la mort de ceux qui ne se soumettent pas implicitement à leurs superbes caprices, n'est-ce pas faire le plus sanglant outrage à sa justice et à sa bonté? La durée de ce système, continuent les novateurs, ne prouve rien, si non la violence qu'il a fallu employer pour le soutenir : le duel et cent autres ·préjugés contraires aux lois divines et humaines existent depuis des siècles, malgré tout ce que l'on a fait pour les anéantir. Ses succès ne prouvent pas davantage, car l'on ne peut pas dire que l'Alcoran fut dicté par l'Esprit saint, cependant il règne encore triomphant sur les plus belles et les plus vastes contrées de l'ancien Continent.

C'est ainsi que chaque parti attaque et se défend, accuse l'autre d'égoïsme, et croit ou fait semblant de croire que son système est le plus propre à procurer à l'homme la plus grande-

félicité temporelle possible, et même le bonheur éternel : tel est bien certainement le seul but légitime de toute société; mais la question est de savoir, lequel des deux possède exclusivement, ou dans le plus haut degré, cet heureux avantage? Pour mettre le lecteur à portée de juger cette grande question, nous allons mettre sous ses yeux les bonnes et les mauvaises conséquences qui résultent de l'un et l'autre systèmes.

CHAPITRE II.

Des Bases du Système actuel.

Pour bien déduire les conséquences qui résultent d'un système quelconque, il faut connoître les bases sur lesquelles il repose : afin d'arriver à cette connoissance dans le cas présent, nous supposerons un peuple neuf, tout-à-fait abandonné à lui-même. L'on ne conçoit pas qu'il puisse suivre d'abord d'autre loi que l'instinct animal, c'est-à-dire que le plus fort forceroit, s'il le jugeoit à propos, le plus foible à lui céder sa place, ses habits ou ses alimens, lorsque le hasard ou d'autres circonstances les feroient se rencontrer : c'est ce que l'on appelle

le droit du plus fort ; sans doute parce que
l'on a cru que la nature, en donnant la force
à un individu, lui conféra, par cela même,
le droit d'en user pour son plus grand avantage : que ce soit un droit ou non, il est plus
que probable que les premiers qui sortiroient
de l'état de nature ne se feroient pas le moindre
scrupule de le violer : ils se diroient à eux-
mêmes qu'un homme ne peut être criminel,
parce qu'il se soustrait à la violence d'un autre
qui ne diffère de lui que par une qualité qui,
bien loin de lui donner le droit de dépouiller
le foible, semble lui faire un devoir de venir
à son secours ; cependant les foibles, voyant
qu'ils seroient toujours les victimes de la force,
s'ils attendoient que la raison et la justice opé-
rassent un changement en leur faveur dans le
cœur des autres, ils auroient recours à la ruse,
ressource ordinaire et presque unique des opprimés : ils commenceroient par leur tendre
des piéges; mais, les stratagèmes une fois connus,
ils finiroient par s'aboucher pour aviser aux
moyens de résister à l'oppression : convaincus
par l'expérience qu'ils ne le peuvent indivi-
duellement, ils conviendroient de se mettre
plusieurs contre un : s'apercevant bientôt que
cela seroit très-difficile, s'ils continuoient de

mener une vie nomade, ils s'approcheroient
les uns des autres; la nécessité leur feroit élever
des habitations fixes et solides, et dès-lors la
société seroit constituée. L'habitude du voisinage, l'amitié et les alliances viendroient ensuite en resserrer les nœuds; les douceurs de la
vie sociale se faisant vivement sentir, l'on chercheroit à mettre la société qui les procure à
l'abri de toute insulte: le premier moyen qui
se présenteroit seroit de se garder continuellement : cependant, il faudroit travailler pour
se procurer de quoi satisfaire à tous les besoins
de la vie; l'on conviendroit donc de veiller
chacun à son tour; mais ces détachemens étant
plutôt des sentinelles que des boulevarts capables de mettre la société à l'abri de toute atteinte,
l'on chercheroit à en augmenter la force pour
plus de sûreté, et à en diminuer le nombre
pour économiser le temps et la peine, ce qui
se feroit par le moyen d'armes plus meurtrières
que celles dont on a fait usage jusqu'alors :
sous cet égide la société croîtroit et prospéreroit
rapidement, l'abondance commenceroit à se faire
sentir, l'aisance régneroit partout, les arts utiles
marcheroient à grands pas vers la perfection,
les beaux-arts germeroient, et l'opulence seroit
sur le point d'éclore : arrivée à ce point, de

deux choses l'une, la société s'y arrêteroit ou
continueroit sa marche; dans le premier cas,
chacun resteroit dans une heureuse médiocrité,
et le principal but des lois seroit de l'empêcher
d'avancer et de rétrograder : dans le second ,
la fortune faisant bientôt sentir son influence ,
un désir immodéré des richesses s'empareroit
de tout le monde; le luxe qui les suit de près
et les plaisirs qui les accompagnent exciteroient
continuellement les hommes à en acquérir; elles
s'accumuleroient promptement dans les mains
des plus adroits, des plus diligens ou des meilleurs brigands : cette accumulation priveroit
nécessairement quelques-uns de ces habitans
d'une partie ou de toute leur propriété; ces derniers surtout ne pourroient trouver de moyens
d'existence qu'au service des riches : quelques-
uns de ceux-ci ne manqueroient pas de dire
aux autres, voilà que nous sommes les maîtres
de presque toutes les richesses de la société,
ce qui nous donne une supériorité marquée
sur nos concitoyens, et nous pouvons encore
beaucoup l'augmenter : plusieurs sont déja obligés de travailler presque exclusivement pour
nous, sous peine de mourir de faim; nous pouvons en amener bien d'autres à ce point, en
rejetant autant que possible les impôts et au-

tres, charges onéreuses sur les propriétés qui
leur restent; nous pourrions encore les forcer
à nous garder et à ne connoître d'autre loi que
notre volonté : cependant nous ne sommes qu'une
poignée en comparaison de l'énorme masse des
citoyens qui pourroit nous écraser de son seul
poids, tâchons donc de paralyser sa force en
la divisant, et d'empêcher qu'elle ne se réu-
nisse jamais : pour réussir dans ce projet qui
nous assureroit nos avantages présens et futurs,
il suffit d'établir un ordre de choses auquel on
puisse fortement intéresser les plus égoïstes, les
plus intrigans et les plus rusés qui se trouvent
dans cette masse : cet ordre de choses consiste
dans la création de dignités imposantes et de
titres pompeux; dans la formation d'une armée
mercenaire, isolée, permanente, et commandée
par nous-mêmes ou nos créatures pour repousser
nos ennemis extérieurs, et tenir en respect ceux
du dedans; dans un code tout en notre faveur,
ou assez obscur pour en faire sortir toutes les
décisions que nous jugerons à propos; dans
la création d'administrateurs et de magistrats
de notre choix, environnés d'un appareil capable de les faire respecter et d'une force suffisante pour imposer silence à l'estomac affamé
de l'indigent : par ce moyen, quoique infiniment

foibles et incapables de travailler, nous serons réellement les plus forts, tout se fera pour nous et presque sans nous ; nous pourrons consolider cet ouvrage par le puissant ressort de l'éducation, en la dirigeant de manière à ce que celle du pauvre lui soit plus fatale que l'ignorance, et celle des enfans de nos créatures entièrement favorable à nos intérêts particuliers. Un discours si favorable à la cupidité et aux autres passions seroit indubitablement applaudi par un très-grand nombre, et le projet mis sur le champ à exécution. Tout homme instruit et de bonne foi avouera franchement que ce dernier côté de la médaille est le fidèle portrait du système actuel : or, si on ne peut raisonnablement le méconnoître à ces traits, il s'ensuivra que ce sont les richesses qui lui ont donné naissance, et que, ne pouvant se soutenir que par les dignités, ces deux agens sont ses véritables bases. Comme cette vérité paroîtra dans tout son jour par les développemens qui vont suivre, nous passerons incontinent à la déduction des bonnes conséquences qui découlent naturellement de ces principes.

CHAPITRE III.

Des bonnes Conséquences du Système social actuel.

Les Sciences et les Beaux-Arts.

UNE grande fortune mettant celui qui la possède en état de se procurer de bons maîtres, de vivre sans inquiétude et sans le moindre travail corporel, il peut cultiver son esprit dans sa jeunesse, et meubler sa mémoire de tout ce qu'ont fait et dit de mémorable les savans de tous les temps et de tous les lieux : enrichi de cette abondante moisson de connoissances, il peut se livrer dans l'âge mûr aux profondes méditations qui mènent à la découverte des vérités inconnues. Si la paresse ou la dissipation détournent beaucoup de riches de ces pénibles recherches, il s'en trouve toujours quelques-uns qui ont la noble ambition d'acquérir la considération que procurent ordinairement le savoir et le mérite réunis à la fortune : l'homme qui n'en a point désire ardemment d'en avoir ;

celui qui n'en a qu'une médiocre cherche naturellement à l'augmenter; et, comme ils s'imaginent tous que les sciences et les arts sont les
meilleurs moyens d'y réussir, ils font des efforts
incroyables pour se distinguer dans cette carrière. Si leurs premiers essais sont couronnés,
quelque homme puissant manque rarement de
se déclarer leur patron, et leur fait part de ses
richesses, soit par pure vanité, soit pour partager la gloire de leurs brillans succès; ainsi
les richesses et les dignités ont le double avantage de pousser les uns, et d'attirer les autres
vers les sciences et les beaux-arts; sans ces deux
puissans léviers, nous ignorerions la plupart
des secrets de la nature qui nous sont aujour-
d'hui si familiers; sans eux, l'astronome n'auroit pas démontré le système de l'univers comme
s'il l'avoit fait lui-même : il n'auroit pas prédit
les phénomènes, tracé la route des astres dans
les cieux, révélé leur éloignement et leur re-
tour à point nommé; le chimiste n'auroit pas
décomposé et recomposé les élémens; le médecin
n'auroit pas cherché avec tant de soin la cause
et le remède des maladies; le magistrat n'auroit pas passé les jours et les nuits à compulser
tant d'ennuyeux volumes, pour débrouiller le
chaos des lois; tant d'autres n'auroient pas

pénétré dans les profondeurs de la métaphysique, de la théologie et de la politique, et parcouru en tout sens l'empire des possibilités. Sans les richesses ou le désir d'en avoir, l'on n'auroit jamais entendu parler de ces temples majestueux, de ces monumens célèbres qui attestent la puissance et le génie des nations qui les ont élevés; ces histoires fameuses qui nous font connoître tous les temps, tous les pays et leurs productions, tous les peuples, leurs lois et leurs gouvernemens, ces beaux morceaux d'éloquence, ces chef-d'œuvres de sculpture et de peinture qui ont autant illustré la Grèce et l'Italie que les victoires de César et d'Alexandre; tout cela seroit resté enseveli dans une nuit éternelle : nous n'aurions pas ces poésies sublimes qui charment nos loisirs, étonnent notre imagination, et nous transportent dans un monde mille fois plus beau que celui que nous habitons : cette harmonie, ces tendres accens qui nous ravissent ou versent dans nos cœurs des torrens de volupté; ces spectacles, qui enchantent nos sens et captivent si agréablement notre attention, nous seroient tout-à-fait inconnus; nous ignorerions le charme de ces danses voluptueuses où se réunit une brillante jeunesse dont les formes et la beauté relevées, par tout ce que

l'art et la nature ont de plus parfait, offrent
à l'œil un spectacle ravissant, et l'image d'un
bonheur presque divin : l'art de dompter les
flots seroit resté dans une perpétuelle enfance ;
l'on n'auroit jamais vu les vaisseaux européens
explorer les mers australes et se disputer l'empire des eaux sur les côtes de Coromandel et
au milieu de l'Océan Pacifique.

Le Commerce.

S'il est vrai de dire que, sans les richesses,
nous aurions été privés de tous ces avantages,
il ne l'est pas moins que nous n'aurions jamais
eu de grandes manufactures ni de productions
étrangères, et conséquemment point de commerce ; car, à quoi bon fabriquer des tissus fins
et délicats, des étoffes douces et moelleuses,
de savantes tapisseries, des vases précieux,
des trumeaux, des lustres, des lits de parade,
de riches harnois et des chars brillans, s'il n'y
avoit point eu de particuliers assez riches pour
les acheter ? Personne se seroit-il jamais avisé
de rassembler, dans une seule ville de la Zône
tempérée, le thé de la Chine, les diamans de
l'Inde, le café de Moka, les parfums d'Arabie,
l'ivoire d'Afrique, le sucre des Antilles, et les
belles fourrures de la Sibérie, pour les laisser

pourrir dans un magasin, ou les vendre à vil prix ? Bien plus, les productions indigènes se seroient consumées sans plaisir ; le confiseur, le pâtissier, le cuisinier et le distillateur ne se seroient pas donné la peine de transformer les plus grossières productions de la terre en mets succulens ou friands, en liqueurs fines et aromatisées, si tous les hommes n'avoient eu que ce qu'il faut pour vivre frugalement.

La Politesse.

Cette politesse, qui donne au vice même tout le coloris de la vertu, est encore l'enfant chéri des richesses et des dignités. La lassitude du désœuvrement et l'amour du plaisir rassemblent souvent les riches dans un endroit commun, où les uns chez les autres : or, ils ne peuvent manquer d'acquérir cette urbanité inconnue aux personnes obligées de pourvoir à leur subsistance et à celle de leurs enfans par leur propre travail. Notre répugnance naturelle à la contrainte feroit bientôt dégénérer ces fréquentes réunions en une familiarité grossière ou licencieuse, si elles n'étoient composées que d'égaux : mais il arrive rarement que deux familles soient égales ; une l'emporte en dignité, l'autre en mérite, d'autres en

richesses ou en naissance; de manière qu'il n'y
a pas un homme, excepté le premier et le dernier, qui n'ait autour de lui des inférieurs et
des supérieurs : s'il parle aux premiers, jaloux
de conserver le respect qui lui est dû, il
a soin de ne se familiariser jamais avec eux ;
il prend un ton de supériorité, qu'à la vérité
il tempère, par des questions et des réponses
honnêtes; mais il est aisé d'apercevoir que
c'est moins par égards pour eux, que pour la
société dont ils font partie : s'il parle aux derniers, l'envie de s'attirer leur bienveillance,
afin qu'ils daignent seconder un projet d'alliance, qu'ils veuillent bien dire un mot au
distributeur des grâces, en faveur d'un fils,
d'un parent, ou d'un ami, le rend souple et
prévenant, et lui fait tout approuver avec un
air de conviction; il compose son maintien,
son ton de voix, choisit ses expressions, donne
aux louanges qu'il leur prodigue la tournure
la plus spirituelle et la plus agréable qui lui
est possible; cet exercice, souvent répété, se
change en une heureuse habitude; de manière
que ce qui n'étoit d'abord qu'affectation, devient naturel et aisé; les jeunes gens se com-
portent de la même manière avec les dames,
tant pour s'en faire aimer, que pour passer pour

3

des personnes bien nées : de là ces manières
nobles et aisées ; cette liberté respectueuse,
cette flatteuse déférence, cette pureté de langage, ces tournures de phrases élégantes, cette
prononciation distinguée, cette fleur d'esprit
répandue sur les choses les plus triviales, et
cette narration vive et piquante qui donne à la
conversation un charme inexprimable.

La Subordination.

La subordination, qui ne fait que se montrer
dans les rapports des riches les uns avec les autres, reçoit tout son développement dans ceux
du pauvre avec le riche. Par cela même qu'il
y a de grandes propriétés, il y a beaucoup de
personnes qui n'en ont point du tout; et, parce
qu'il y a de grandes dignités, beaucoup désirent en avoir au moins de subalternes : ceux
qui veulent obtenir l'un ou l'autre de ces avantages doivent marquer une grande déférence
aux ordres de leur supérieur, et un grand respect pour leur personne ; la plus petite insolence, la plus légère contradiction leur feroient
perdre le fruit de leurs précédentes assiduités,
et manquer entièrement leur but; s'ils ont le
bonheur de l'atteindre, ils exigent, de ceux qui
veulent parvenir à leur tour, le même respect

et la même déférence que l'on a exigée d'eux ;
et ainsi, d'échelon en échelon, jusqu'à la dernière classe, qui est forcée, par le besoin, de
se soumettre à tous les caprices du riche. Par le
moyen de cette hiérarchie, l'esprit de soumission s'introduit, de force ou de gré, dans
toutes les parties du corps social, devient habitude, et finit par avoir force de loi.

La Docilité.

La docilité est la sœur cadette de la subordination. La misère a toujours été si commune
parmi les hommes, que l'on a admis, comme
un principe incontestable, qu'il faut nécessairement des pauvres dans une société bien orga-
nisée ; mais partout où il y a nécessairement des
pauvres, il y a aussi des hommes profondé-
ment ignorans, et le propre de cette classe
d'hommes est la crédulité et l'obéissance im-
plicite. Ne pouvant juger par eux-mêmes, il est
naturel qu'ils suivent aveuglément les conseils
et les ordres de ceux qu'ils sont accoutumés à
regarder comme leurs guides : aussi, peut-on
dire, avec vérité, que pour eux toute phrase
obscure est un oracle, que tout ce qui brille
les éblouit, et, qu'à moins qu'ils n'aient été gros-
sièrement et cruellement trompés, ils s'aban-

donnent entièrement à la direction de ceux qui ont des richesses et des dignités, parce qu'ils ne soupçonnent même pas qu'on puisse les posséder sans de grandes vertus et un mérite éclatant. Ils n'ont nulle peine à croire qu'ils sont pétris d'un autre limon que leurs supérieurs; que leur premier et unique devoir est d'obéir sans examen : c'est pourquoi le souverain trouve presque toujours en eux des sujets dévoués; le général, des soldats soumis; le seigneur, des vassaux timides; les lois, des citoyens dociles; et la religion, quelle qu'elle soit, toujours de vrais croyans.

La Gloire.

Le système actuel est singulièrement favorable à la gloire : il lui fait jeter un plus grand éclat qu'aucun autre qu'il soit possible d'imaginer. Quand on considère les dangers auxquels les Romains s'exposoient, pour obtenir une branche de chêne ou une couronne de gazon; les entreprises des Espagnols, pour s'emparer des trésors du Nouveau Monde; les fatigues et les privations de toute espèce que les Français ont supportées avec gaieté de cœur, pour obtenir un joujou et une légère pension; les efforts de génie qu'ont fait, dans tous les temps, ceux qui

ambitionnoient les grandes récompenses militaires; l'on peut hardiment assurer que le
vingtième de la population d'un pays quelconque seroit autant de héros, si leurs chefs
étoient assez vigilans pour observer toutes les
actions d'éclat, assez impartiaux et assez généreux pour les récompenser dignement; car, il
ne faut pas s'y tromper, s'il se trouve dans tous
les pays des Léonidas, des Fabricius, des Bayard
et des d'Auvergne, il se trouve encore plus de
César, de Lucullus et de Cortez, c'est-à-dire,
d'hommes avides de pouvoir, de dignités, et de
richesses. Or, qui pourroit imaginer la moisson
de gloire qui s'accumuleroit sur un pays où
deux, quatre ou huit cent mille hommes seroient autant de Marius, de Pizarre et de Cam-
brone? La gloire militaire n'est cependant pas
la seule qui puisse rendre une nation célèbre,
quelque éclat qu'elle puisse jeter; elle n'est pas
comparable à celle qui provient des sciences et
des beaux - arts; c'est un météore éblouissant
qu'un revers peut obscurcir ou éteindre; et,
pour l'éprouver, il ne faut qu'une saison ri-
goureuse, une défection, un ordre intercepté,
un quiproquo, une arme nouvelle, un trans-
fuge ou une lâche trahison; l'autre jette moins
d'éclat à la fois, mais sa lumière douce et vivi-

fiante s'étend sur tous les siècles à venir, et ne coûte ni sang ni larmes à l'humanité. La gloire militaire la plus solide passeroit comme un songe, sans le secours des arts : celle des Grecs et des Romains auroit eu le sort de celle des Huns et des Vandales, sans leurs poètes et leurs historiens; l'autre, au contraire, brille toujours d'un nouvel éclat, toutes les fois qu'une simple imitation, ou une foible copie des chef-d'œuvres des grands hommes, vient à frapper nos yeux. Quand on voyoit tous ceux de l'Italie rassemblés dans un seul sanctuaire, l'on oublioit l'antique Rome, pour se prosterner devant la nouvelle. Ce sont les sciences et les beaux-arts qui ont immortalisé tant de villes, dont, sans cela, le nom seroit à peine connu : Pierre Alexiowit acquit plus de gloire en les acclimatant dans son pays sauvage, qu'en vainquant l'Alexandre du Nord : d'ailleurs, les arts de la paix contribuent merveilleusement à faire réussir celui de la guerre. En cas qu'il s'en déclare une, pour peu qu'elle soit populaire, tous les talens se réunissent pour la terminer heureusement, soit en électrisant les citoyens par des discours éloquens, soit en inventant de nouvelles machines, de nouveaux moyens d'attaque et de défense, ou en portant les guerriers à des actions d'éclat, dans l'espoir que leur nom sera célébré dans leur pays, proclamé dans les autres par toutes les bouches de la renommée, et transmis aux générations futures, par des écrits et autres monumens immortels.

Le Perfectionnement des Arts de première nécessité.

Les arts de première nécessité, eux-mêmes, ne sont pas moins redevables à notre système que ceux d'utilité ou d'agrément. Il est difficile de ne pas convenir que les premiers peuvent, à la rigueur, être portés à un très-haut degré de perfection dans une société étrangère à l'opulence : il suffit pour cela d'avoir une légère teinture des sciences, d'être diligent, et attentif à observer ce qui se passe autour de soi, pendant quelques années. Néanmoins, l'homme impartial, qui a suivi la marche des sociétés purement agricoles, sera forcé d'avouer qu'elles ont fait des progrès extrêmement lents dans la confection et la forme des instrumens aratoires, et dans l'agriculture elle-même. Il y a des pays où la charrue n'est qu'un morceau de bois fourchu. Les uns suivent servilement un cours de moisson vicieux, par habitude, préjugé, sot orgueil ou stupidité; d'autres rejettent opiniâtrement la culture des végétaux les plus productifs et les moins sujets à manquer : ceux-ci se refusent à toute espèce d'innovation dans la préparation du sol; ceux-là négligent les meilleurs engrais, tels que les matières animales; d'autres, enfin, n'ont ni le temps ni le moyen de faire des expériences : il en est qui ignorent entièrement les principes et l'utilité de l'irrigation; d'autres, ceux du desséchement, ce qui fait que les premiers laissent infertile une grande quantité de bons terrains; et que les derniers, non-seulement en laissent de très-grands morceaux sous les eaux croupissantes, mais encore sont sujets à de longues et cruelles maladies qui, sans cela, leur seroient inconnues. Si l'on compare ces chétives contrées à la Hollande, arrachée en partie au vaste bassin d'une mer fougueuse, en partie au lit des fleuves qui s'y déchargent, et qui la submergeroient si l'opulence ne leur eût opposé des digues impénétrables; si, outre cela, on fait attention que cette même opulence a fait, d'un marais fangeux, froid et mal-sain, sous le 52.ᵉ degré de latitude, un séjour de délices, par la propreté et l'élégance de ses villes, la beauté de ses campagnes, l'abondance et la liberté qui y règnent, l'on sera forcé d'avouer que les richesses ont un énorme avantage sur la médiocrité pour le perfectionnement du globe. Il est cependant des pays, comme en Espagne, où les fortunes sont colossales, et où l'agriculture et les arts qui en dépendent sont restés dans l'enfance; mais cela est dû, sans doute, à des circonstances particulières qui retiennent le génie captif, puisqu'il en est où l'opulent laboureur fait tous les jours d'heureuses innovations, et son terrain lui rend, avec usure, les capitaux qu'il prodigue pour l'améliorer. Tel terrain qui produit trente quintaux de froment à l'hectare, n'en produiroit pas vingt, et peut-être pas quinze, sans ces capitaux; car c'est une vérité connue et chérie de tout bon cultivateur, que la terre est une bonne mère qui proportionne la reconnoissance au bienfait. Cependant les capitaux ont encore une influence bien plus directe sur les terres propres à engraisser le gros bétail. D'ailleurs, combien l'opulence n'a-t-elle pas inventé ou perfectionné de machines pour abréger le travail et diminuer la peine? Combien n'a-t-elle pas naturalisé de plantes exotiques, d'arbres étrangers, recruté de meilleures races d'animaux domestiques, et bonifié les indigènes?

Le Pouvoir de faire beaucoup de bien.

L'un des plus beaux avantages des richesses et des dignités, est de mettre ceux qui les possèdent à portée de faire beaucoup de bien. En effet, combien ne peuvent-elles pas arracher de malheureux au vice, au crime et à l'infamie, en les occupant modérément à mille choses utiles, et en leur accordant un salaire capable de maintenir leurs familles? Combien l'homme en place ne pourroit-il pas empêcher de chicanes, en interposant à propos son autorité? Combien ne pourroit-il pas soustraire de pauvres à l'oppression, de veuves et d'orphelins à la rapacité de ces hommes sans entrailles qui cherchent toujours à s'enrichir aux dépens du foible? S'il cherchoit à découvrir les opprimés et prenoit leur défense avec chaleur, le méchant, dans la crainte d'encourager sa disgrace, et de voir ses œuvres de ténèbres exposées au grand jour, renfermeroit en lui-même son venin, qu'il n'exhale sur les malheureux, que parce qu'il les voit sans appui. Quel effet les discours d'un homme puissant n'auroient-ils pas sur l'esprit de ses inférieurs, s'il étoit ce qu'il devroit être, c'est-à-dire, un Fénélon, un Walter, un Franklin? Si le riche

vouloit mettre un peu d'ordre dans ses affaires,
et d'économie dans sa dépense, il pourroit vivre
aussi honorablement avec cinquante mille livres
de rente, que l'homme sans ordre avec cinquante
mille écus, et le dissipateur avec cent mille. Or, si
celui qui a cette dernière fortune, n'en dépensoit
qu'un tiers, il pourroit nourrir tous les jours
mille vieillards, orphelins ou infirmes, et, tout en
améliorant sa fortune, donner de l'occupation
à cent pauvres pères de familles; il pourroit, sans
négliger ses propres affaires, diriger, en grande
partie, celles des pauvres, et leur donner des
conseils dont ils ont toujours besoin, parce qu'ils
sont toujours ignorans; il pourroit encore les
consoler dans leurs afflictions, les soulager efficacement dans leurs maladies, réconcilier les
ennemis, entretenir parmi eux la bonne intelligence et la paix, préparer d'heureux ma-
riages, prévenir les mauvais sans violence,
aiguillonner les paresseux, encourager les diligens, faire aimer et pratiquer la vertu; en un
mot, rendre heureux tout ce qui l'environne,
et l'être lui-même du bonheur des autres.

Tels sont les avantages qui appartiennent,
presque exclusivement, au système fondé sur
les richesses et les dignités. Si l'on a vu quelques
petites sociétés reposant sur d'autres bases, où

régnoient une grande docilité et une sévère subordination, c'étoit plutôt l'effet de l'éducation ou d'un heureux préjugé, que la conséquence d'un véritable principe.

CHAPITRE IV.

Des mauvaises Conséquences du Système actuel.

Sa tendance à la Disette.

Ce système tend à la disette : 1.° Par la consommation inutile : la raison et la nature nous disent que moins les hommes travaillent, moins ils devroient consommer; mais il arrive au contraire, qu'ils dépensent d'autant plus qu'ils ont moins droit de le faire, au grand détriment de ceux qui ont déja assez de peine à se procurer les choses de première nécessité : il faut, au riche, des coulis, des bisques, des ragoûts, du pain de Gonesse, des pâtisseries et autres friandises, c'est-à-dire, la quintescence des alimens; ce qui exige une quantité prodigieuse de fleur de farine, de viande, de lait, d'œufs, de beurre, et autres matières nutritives (1). Il lui faut, pour lui, pour ses enfans, ses laquais et ses voitures, un grand nombre de chevaux de luxe, des meutes de chiens et des pigeons, tous animaux qui consomment les denrées qui dans certains pays font la nourriture du peuple; aussi n'est-il pas rare d'entendre dire aux pauvres, qu'ils aimeroient mieux être les chevaux de carrosse d'un seigneur, que ses vassaux. 2.° Par le mauvais emploi d'une grande quantité de terrain : comme les richesses entraînent le luxe et le commerce, et que tout ce qui les alimente vient de la terre, il faut bien en consacrer une partie à leur usage : de là cette énorme quantité de vignobles, ces vastes cultures de cannes à sucre, de cafiers, de thé, de tabac, de houblon et d'orge pour la bière, ces plantations de pommiers, d'oliviers, de mûriers, de poivriers, de girofliers, de genevriers, et tous les emplacemens des magasins et des grandes manufactures. Ce n'est pas assez de fournir aux besoins factices du riche, il lui faut, pour satisfaire

---

(1) Il entroit dix-huit livres de viande de différente espèce dans le potage d'un certain gastronome anglois, lesquelles n'étoient bonnes à rien après leur cuisson ; il faisoit trois repas en outre, et prenoit un bain de lait tous les matins.

ses caprices, des garennes, des parterres, des
pelouses, des avenues, des bosquets, des étangs,
des terrasses, des palais et des châteaux presque
toujours placés dans les terrains les plus fertiles.
3.º Par la grandeur des cultures : les riches, soit
par ostentation, ou pour le plaisir de la chasse,
tiennent extrêmement aux grandes fermes, ce
qui diminue beaucoup la fertilité du sol :
pour s'en convaincre, il suffira de comparer
le produit d'une ferme de cent hectares de terre
de première qualité, cultivée par un seul fermier, avec celui de la même quantité cultivée
par dix ; l'expérience a prouvé que le premier
lui fait produire, en trois ans, quatre-vingt-un
hectolitres de froment à l'hectare, et les autres cent-vingt, ou équivalent : les causes de
cette différence sont, que le premier ne peut
porter d'abord la culture de sa ferme à la perfection, faute de bétail et d'instrumens nécessaires; et, quand il le pourroit, il ne le voudroit
pas toujours, dans la crainte bien fondée que
son maître n'élevât le prix de sa ferme le bail
suivant : d'ailleurs, il n'employe jamais plus
de vingt ou vingt-quatre personnes dont les
deux tiers sont à gages, ce qui l'oblige d'en
laisser tous les ans une partie en jachère : les
dix autres, au contraire, y en employent au moins

cinquante; or, il est évident qu'une terre cultivée par vingt ou vingt-quatre personnes dont
les deux tiers au moins sont mercenaires, doit
moins produire que quand elle l'est par cinquante toutes intéressées à sa fertilité. 4°. Parce
que les riches ne sont point ordinairement
cultivateurs; et, quand ils voudroient l'être, ils
ne pourroient jamais faire valoir tout leur patrimoine, tant à cause de son étendue qu'à
cause de la distance des lieux où il est situé :
il faut donc nécessairement qu'ils le louent;
mais le locataire qui se défie, deux ans avant
l'expiration du bail, qu'il va être dépossédé,
détériore la terre le plus qu'il peut; d'où il
arrive que les deux dernières années du bail
expirant, et les deux premières du commençant,
rapportent peut-être la moitié moins que si la
terre eût été cultivée par un propriétaire laboureur. 5.° Par la grande quantité de bras
que les riches ôtent à l'agriculture : elles lui ôtent
d'abord tous ceux de la famille du possesseur,
car l'on n'a peut-être jamais vu une personne
chez qui il y a seulement vingt mille livres
de revenu, se livrer à un travail corporel véritablement utile; et, à plus forte raison, celles
chez qui il y en a quarante, cent, ou deux

cent mille; il leur faut, au contraire, des in-
tendans, des procureurs, des maîtres d'hôtel,
des gardes-chasses, des cochers, des palefre-
niers, des cuisiniers, des jardiniers, des valets de
chambre, des laquais, et jusqu'à leurs serviteurs
ont des serviteurs. Tous les riches veulent avoir
des hôtels en ville et des châteaux à la campagne, le tout meublé avec faste : de là tant de
concierges, de portiers, d'architectes, de ma-
çons, de menuisiers, d'ébénistes, de charpentiers, de sculpteurs, de tapissiers, de doreurs,
d'orfèvres, de barbouilleurs, de miroitiers, de
vitriers, sans compter tous les ouvriers employés
dans les manufactures de verres et de glaces. Ensuite viennent les chars brillans, les superbes
harnois, les vêtemens somptueux, les parures
élégantes, ce qui exige un grand nombre de
carrossiers, de selliers, de fabricans de belles
étoffes, de passementiers, de marchands de modes,
de bijoutiers, de bottiers et de cordonniers pour
femmes. Le favori de la fortune ne se contente
pas des productions du pays ou des provinces
limitrophes, il veut encore celles des quatre
parties du monde; et, comme cela ne peut se
faire sans commerce, il faut des banques, des
comptoirs, des caravanes, des flottes marchandes

et guerrières : de là encore cette multitude de matelots, de constructeurs, de charpentiers, de calfats, de forgerons, de cordiers, de poulieurs, de voiliers, de porte-faix, de voituriers, de marchands, de négocians, de commis et de facteurs. Comme l'ennui dévore tôt ou tard l'homme désœuvré, il lui faut des spectacles et des jeux, et par conséquent des histrions, des musiciens, des bateleurs, des luthiers, des maîtres de danse, et jusqu'à des joujoutiers ; aussi le laboureur, sans lequel la société ne pourroit exister un mois, peut-être pas un jour, est-il écrasé sous le poids d'un travail excessif et continuel.

Pour mettre cette affligeante vérité dans tout son jour, il faudroit connoître au juste la population du globe entier ; mais, bien loin de cela, celle de la France elle-même, que nous allons prendre pour exemple, a été si diversement estimée, que l'on ne sait trop à quoi s'en tenir ; le marquis de Mirabeau l'estimoit à dix-huit millions cent sept mille; D'Espilly à vingt-un; Voltaire à vingt; Buffon à vingt-deux et demi; Moheau à vingt-trois; les Economistes à quinze ou dix-huit; Necker, en multipliant d'après son système les naissances, par vingt-cinq trois quarts, en trouvoit vingt-quatre millions huit

cent deux mille. L'assemblée nationale crut en
trouver plus de vingt-six; sous l'Empire, on la
porta jusqu'à trente millions, pour l'ancienne
France; et, maintenant, à vingt-neuf, depuis sa
réduction en 1815. Certes, si les quatre dernières estimations seulement étoient correctes,
les révolutions de la nature de la nôtre auroient un pouvoir multiplicateur bien grand,
puisque après tant de générations élaguées, il
se trouve encore une augmentation de quatre
ou cinq millions en vingt-quatre ou vingt-cinq
ans; comme cette augmentation viendroit évidemment de la division des terres, ce seroit
une terrible preuve contre les partisans des
grandes propriétés, puisque, malgré cette augmentation, les objets de consommation sont encore plus abondans qu'ils n'étoient jadis. Mais
encore que l'on soit obligé d'avouer que la population a augmenté en dépit des coupes que
l'on y a faites, pendant vingt années consécu-
tives, il n'en est pas moins vrai qu'elle a été
estimée trop haut dès l'assemblée nationale,
pour en imposer aux ennemis de la France,
et par les gouvernemens suivans pour les mêmes
raisons et d'autres encore qu'il est aisé de de-
viner. L'on sait surtout qu'il est difficile d'é-
viter les doubles emplois, quand les recensemens

se font en été dans les campagnes, et l'hiver
dans les villes : néanmoins nous approcherons
beaucoup de la vérité, en portant la population de la France, à l'époque de l'assemblée nationale, à vingt-quatre millions. Voyons maintenant comment cette population est distribuée :
l'on ne compte pas, en France, moins de mille
six cent cinquante-quatre villes, trente mille
cent quatorze bourgs, et environ deux mille
huit cents bourgades. L'on n'exagérera pas en portant à cinq mille ames la population de chaque
ville l'une dans l'autre, puisque Paris contient
cent quarante-trois fois ce nombre. L'on aura
déja huit millions deux cent soixante-dix mille
habitans ; en estimant celle des bourgs à mille
chacun, ils nous fourniront trois millions
cent quatorze mille, et les bourgades cent
quarante mille à cinquante non cultivateurs
chacune ; dans chacune des vingt-huit mille
communes rurales, l'on ne peut pas compter
moins d'une famille de sept individus qui ne
travaillent point à l'agriculture ; ensuite un
curé, un maître d'école, deux charpentiers,
un forgeron, un tisserand, un cordonnier, un
maçon, un couvreur et un savetier : en tout,
dix-sept ; total, quatre cent soixante-seize mille.

RÉCAPITULATION.

Pour les villes. 8,270,000
Pour les bourgs. 3,114,000
Pour les bourgades. 140,000
Pour les communes rurales. . . . 476,000

Total. 12,000,000

A ces douze millions de parasites, qui tous vivent des productions de la terre sans la cultiver, il faut ajouter, en temps de guerre, quatre cent mille soldats et cent mille marins; en temps de paix, cent soixante mille tant soldats que marins : terme moyen, trois cent trente mille. L'on ne peut guères compter moins de six mille douaniers dans toute la France, un voleur de profession sur mille individus, sept cent quatre-vingt-dix-neuf mille tant en juges de paix, notaires, chirurgiens, huissiers, droits-réunis, gardes-magasins, gendarmes, qu'en manufacturiers, fabricans, mineurs, chevaliers d'industrie, mendians et ivrognes répandus dans les campagnes; ce qui fait un total général de douze millions huit cent quarante-huit mille : restent donc douze millions cent cinquante-deux mille cultivateurs, dont il faut déduire six millions soixante-seize mille, femmes, plus une trentaine pour l'excédant des femmes sur les hommes ; ce qui fait huit millions quatre-vingt-huit mille cinq cent trente-trois. L'on ne peut pas allouer, par millier d'individus, moins de trois vieillards, ou infirmes incapables de gagner leur vie ; ce qui donne une déduction totale de dix millions, sans compter les petits enfans : d'où il résulte que deux millions cent cinquante-deux mille hommes font produire à la terre le vin, les différens grains, le lin, le chanvre, la plupart des fruits, des légumes, des racines, et autres matières nécessaires à l'entretien de vingt-quatre ou vingt-cinq millions d'habitans, ou, ce qui revient au même, un seul homme soutient l'existence de onze personnes au moins. Si l'imagination est effrayée de ce calcul, elle l'auroit été bien davantage dans le cas où nous aurions pris pour exemple l'Angleterre, où l'on trouve quelquefois six ou sept villes dans un rayon de deux ou trois lieues : l'on auroit vu que la proportion, loin d'être d'un à onze, y est probablement d'un à quinze au moins : aussi cette nation est-elle obligée de se nourrir presque entièrement de viande, et encore d'affamer les autres peuples, pour se procurer le quart du blé qu'elle consume.

La Misère et toutes ses suites.

Cette calamité, toute affreuse qu'elle est, n'approche cependant pas de la misère et toutes ses suites, qu'entraîne le système actuel. Lorsque les terres sont réparties en peu de mains, les laboureurs, pouvant seuls tirer leur subsistance de leur propre fond, ceux qui n'en ont point, ni les moyens de charger une ferme, sont obligés d'avoir recours aux autres, pour se procurer de la nourriture. Or, il n'y a que trois manières honorables de le faire, c'est-à-dire, par le moyen de l'argent, des marchandises ou du travail. Les riches, les négocians et les marchands s'en procurent donc aisément, tant qu'il y a abondance, et même tant qu'il n'y a que rareté, parce que, ayant toujours des objets d'échange, ils s'en dessaisiront plutôt que de mourir de faim, et même de souffrir considérablement : de cette seule circonstance, il résulte déjà deux grands inconvéniens pour les pauvres, dès que la disette se fait sentir ; le premier est de faire hausser le prix des denrées, par la précipitation que les riches mettent à s'approvisionner ; le second vient de ce que leur bourse seule souffre de la disette, qui, par conséquent, tombe de tout son poids sur ceux

qui n'ont pas le moyen de faire leurs provisions
d'avance. Ces inconvéniens sont singulièrement
aggravés par le défaut de travail, qui augmente à proportion que le pauvre en a plus
besoin; car le fermier, voulant payer son maître
et faire un sort à ses enfans; le manufacturier,
bien vivre et s'enrichir tout-à-la-fois, ils prennent le moins de monde qu'ils peuvent, et leur
donnent le moins possible. Quand le blé est
cher, l'avidité du propriétaire le porte à en
faire autant pour consumer moins de cette précieuse denrée et en vendre davantage : l'avarice, ou la prudence du capitaliste, lui font
remettre à un autre temps les entreprises qui
pourroient occuper un certain nombre de personnes. Il n'est même pas nécessaire qu'il y ait
disette, pour que le pauvre souffre; il suffit,
pour cela, qu'il manque d'objets d'échange;
cependant il n'a que son travail, qui peut manquer de mille manières : qu'une branche de
commerce ou d'industrie vienne à tomber, que
des travaux entrepris dans une province ou
dans une ville viennent à cesser, la grande majorité des personnes qu'ils avoient attirées dans
cet endroit sont dans un état de souffrance, jusqu'à ce qu'une autre source d'industrie vienne
à s'ouvrir, ou qu'elles soient transportées dans

des lieux où il en existe qui puisse les occuper.
Qu'importe à l'indigent, dans ce cas, que les
provisions soient communes, puisqu'il ne peut
y participer? Il a autant de peine à acheter
une livre de pain deux sous, s'il n'en a qu'un,
qu'il auroit à l'acheter quatre, s'il en a deux;
il peut donc mourir de faim dans une année
d'abondance, comme cela arrive souvent en
Espagne. Il est si commun, dans ce pays, de
voir des gens mourir d'inanition dans les rues,
que le spectacle des cadavres ou des mori-
bonds, qui glaceroit d'horreur un habitant de
Philadelphie, ne fait pas la moindre sensation
à Madrid. De quelque source que vienne la pénurie, elle mène presque toujours à la mendicité, au vagabondage, aux infirmités, ou au
désespoir. Quand il y a disette de comestible et
abondance d'ouvrage, les seuls enfans qui ne
peuvent gagner leur vie vont la chercher de
porte en porte : si le travail vient à manquer,
les pères de famille eux-mêmes sont obligés
de pourvoir à leur subsistance par d'autres
moyens; les plus industrieux se mettent à vendre
des chansons ou des reliques, à montrer la lan-
terne magique, des animaux, des monstres,
à faire jouer des marionnettes, ou à dire la
bonne aventure; d'autres se font danseurs de

corde, charlatans, colporteurs, musiciens am-
bulans, filoux, mouchards, escamoteurs et
autres choses semblables, pour mettre les cu-
rieux à contribution, et duper les sots : mais
ceux qui ne sont pas assez adroits pour
gagner leur vie se trouvent dans la nécessité de mendier, quelque répugnance qu'ils
puissent éprouver d'abord. Si, dans ces circonstances, il arrive que les aumônes suffisent à
leurs besoins, ils remarquent bientôt la différence qu'il y a entre ce genre de vie et l'autre;
et, voyant qu'ils ne sont pas plus riches dans
un cas que dans l'autre, ils trouvent les douceurs de la fainéantise bien préférables à un
travail accablant, et finissent par faire leur
état de la mendicité : si les aumônes ne sont
pas assez abondantes pour apaiser la faim qui
les dévore, les plus déterminés se résolvent à
prendre furtivement ce qu'on leur refuse par
prévoyance, avarice ou dureté de cœur; ils
viennent bientôt à bout de se persuader à eux-
mêmes et aux autres, qu'il n'y a pas grand mal
à prendre un pain à un boulanger, un couvert
d'argent à un opulent bijoutier, une aune de
drap à un marchand, et quelques écus à un
avare ou à un usurier : du larcin ils passent
bientôt à des vols plus considérables; la police.

vient à les soupçonner, la justice les menace, ils
se retirent dans les forêts pour se soustraire à ses
yeux ; de là, ils dévalisent les passans, rançon-
nent les châteaux, exploitent les grandes routes,
assassinent leurs victimes par mesure de sûreté,
et continuent leur brigandage jusqu'à ce qu'ils
aillent peupler les bagnes ou ensanglanter
l'échafaud. Les ames sans énergie, les con-
sciences timorées, et ceux sur lesquels les habitudes honnêtes exercent encore leur empire,
n'osent avoir recours à de tels moyens ; ils préfèrent souffrir, ou faire usage d'alimens malsains ; comme en Chine, où l'on voit des
malheureux fouiller les égoûts et les cloaques,
pour en tirer quelques os charnus, ou les carcasses à demi-pourries des animaux immondes;
comme en Suède, où le pauvre est obligé
d'avoir recours au *misné*, qui croît dans le
marais, à l'oseille sèche, et à l'écorce de sapin;
quelques-uns vivent entièrement de gland, de
châtaignes, de fèves, de pois à demi-rongés,
restes impurs des vers et des charençons qui
pullulent dans les magasins et les soutes, où
ils séjournent pendant plusieurs années ; ceux-
là font leurs délices du suif, de la chair cor-
rompue du cheval, tandis que d'autres sont
quelquefois réduits à se repaître des cadavres

de leurs semblables : la petite quantité et la
mauvaise qualité des alimens, l'irrégularité et
l'incertitude des repas, joints au mauvais air
qu'ils respirent dans de misérables cabanes, leur
appauvrissent le sang, vicient leurs organes,
engendrent tantôt des infirmités, tantôt des
pestes et autres épidémies, dont les riches eux-
mêmes finissent par être les victimes. Des personnes réduites à un état aussi déplorable, sans
le moindre espoir d'en sortir, tombent dans
une espèce d'apathie et de découragement qui
les rendent incapables de faire le moindre effort pour améliorer leur situation. Cependant,
les pauvres ne sont pas les seuls exposés à cet
excès de misère : une spéculation malheureuse,
un naufrage, des créanciers rapaces, une invasion, un brigandage, peuvent y réduire le
négociant, le marchand et le fermier; le caprice d'un pacha, une révolution, une réac-
tion même, peut faire, en moins de rien, d'un
riche capitaliste un misérable vagabond. Un
homme bien né, tombant ainsi du faîte de
l'opulence au sein de la misère et de l'humiliation, ne peut guères s'empêcher de tomber
aussi dans le désespoir.

Les Richesses engendrent l'Oppression, la Dissimulation et la Ruse.

L'on ne peut nier que l'homme qui a reçu une éducation soignée, qui a fait une étude approfondie du cœur humain, qui connoît l'histoire de tous les peuples, qui a réfléchi sur les causes de l'élévation et la chûte des empires, ne soit plus propre à participer au gouvernement et à la confection des lois, que celui qui n'a eu ni le temps ni les moyens de s'instruire, et qui est abruti par le travail et la misère; or, l'homme instruit, l'homme éloquent et réfléchi n'est autre que le riche, du moins ordinairement; donc il est législateur de droit, il l'est aussi de fait dans toute société où le pouvoir législatif réside dans le chef de l'état; car lui, ses ministres et son conseil ne sont presque jamais pris, nous ne dirons pas parmi les pauvres, mais dans la classe moyenne : s'il est électif en tout ou en partie, les riches sont encore à peu près sûrs de l'obtenir exclusivement, soit en corrompant les électeurs, soit en les intimidant, soit en leur faisant espérer de grands avantages particuliers; ces hommes chercheront naturellement à placer leurs parens dans les grandes administrations, leurs amis dans les

subalternes, dans l'armée et enfin partout où il
y aura du pouvoir à exercer et de l'or à recevoir ou à extorquer ; les affaires étant ainsi
engrenées, qui oseroit assurer qu'un homme
poussé par le vent des préjugés, entraîné par
la tempête des passions, sans autre frein qu'une
conscience souvent erronée, ne se prévaudra
pas de la supériorité de ses lumières, de son
influence, de la sécurité que lui offre sa situation, de la crainte que son pouvoir inspire
pour en imposer à la crédulité, tendre des
piéges à l'ignorance, dépouiller la foiblesse, et
opprimer les misérables? Ne seroit-ce point une
espèce de miracle, s'il ne cherchoit pas à
dominer impérieusement, et même à vexer ceux
qu'il croiroit disposés à résister à ses volontés?
Ne le regarderoit-on pas comme un Ange, si,
pouvant tourner toutes les lois à son avantage
particulier, ou à celui de sa seule caste, il les
faisoit strictement impartiales, s'y soumettoit
implicitement, et ne se voyoit, si l'on peut
parler ainsi, que dans le miroir du bien public? N'est-il pas à craindre qu'il se décharge
du fardeau des impôts, en les rejetant, en tout
ou en partie, sur les denrées dont il ne fait
point usage? Qu'il ne s'exempte du service mi-

litaire, des corvées accablantes, des contributions extraordinaires, et qu'il ne les fasse
supporter entièrement à ceux qui ne peuvent
se faire rendre justice? Si l'on ouvre une route
qui menace son château, son jardin, son bois,
sa garenne, ou toute autre partie de ses propriétés, n'employera-t-il point son crédit ou
son argent pour en faire changer la direction
au grand détriment du public, et au risque de
faire encaisser la chaumière et le champ du
pauvre? Ne déclarera-t-il pas sa personne in-
violable, tandis qu'il fera ou consentira des
lois sanguinaires contre les classes d'individus
dans lesquelles il espère ne jamais se trouver ni
lui ni les siens? Ne se dira-t-il pas seul habile
à remplir tel ou tel emploi, à gérer telle ou
telle affaire? Ne prétendra-t-il pas avoir le droit
d'être juge et partie tout ensemble, ou du moins
d'être jugé par ses pairs, et les pauvres exclusivement par lui? S'il est en place, ne récla-
mera-t-il pas le droit de mal administrer impunément? Permettra-t-il qu'on révèle ses fautes
et ses injustices? N'intimidera-t-il pas les juges
qu'il croiroit assez intègres pour prononcer
contre lui, lorsqu'il a tort, ou pour se faire absoudre, quoique évidemment criminel? Si son

intérêt, bien ou mal entendu, lui suggère qu'il vaudroit mieux pour lui avoir tout le produit de ses terres, au lieu de le partager avec des fermiers ; s'il trouve plus doux d'être servi par des gens sur lesquels il auroit droit de vie et de mort, que par des domestiques qui ne sont pas toujours d'humeur de se soumettre à tous ses caprices, ne sera-t-il pas tenté de faire une loi qui établisse ou tolère l'esclavage ? Ne succombera-t-il pas au moins à la tentation de fixer les gages des domestiques à un taux arbitraire et propre à les empêcher de sortir jamais de l'humiliation et de la dépendance ? Ne se réservera-t-il point la consommation exclusive de certaines denrées, pour les avoir à meilleur marché ; et le monopole de quelques autres, pour les rendre plus chères ? Quel homme oseroit répondre que des choses qui sont tant de fois arrivées, n'arriveront pas encore ? Que peuvent opposer à ces formidables priviléges ceux qui peuvent en être les victimes ? Rien, sinon la ruse et la mauvaise foi, ressources ordinaires des foibles.

Cela est si vrai, que l'on pourroit en général juger du degré d'oppression auquel un peuple a été longtemps exposé, par sa mauvaise foi,

dans le commerce et mainte autre circonstance.
L'on remarque beaucoup de défiance, de finesse
et de duplicité dans les contrées qui furent
envahies par les Normands, parce que ces
barbares faisoient éprouver à chaque instant
de cruelles avanies aux peuples qui les habitoient; c'est du moins ce que l'on a lieu de
conclure du silence des historiens avant cette
époque : le reproche de mauvaise foi que César
fait aux Gaulois, ne tombe nullement sur les
provinces qu'on en accuse aujourd'hui. Si l'on
trouve un peu plus de franchise dans le commerce chez le peuple anglois, quoique vaincu
par les barbares, c'est qu'il secoua de bonne
heure le joug de l'oppression. Les Ecossais,
leurs victimes, ont encore toute l'astuce des
peuples opprimés. Les Grecs ont la réputation
d'être extrêmement faux, c'est parce qu'ils
sont continuellement exposés à la tyrannie des
Turcs. Les Italiens, les Espagnols et les Portu-
gais sont hypocrites, flatteurs, rampants, et
souvent sacriléges, parce que les limiers du
Saint Office les tiennent dans des transes continuelles. Les Juifs sont imposteurs, rusés et fripons dans tous les pays, parce que dans tous
les pays ils sont méprisés, haïs, persécutés et

souvent dépouillés : cela rend raison de la mauvaise foi qui existe de peuple à peuple, ou plutôt de souverain à souverain; car il en est des États comme des particuliers : c'est une chose si commune, qu'elle est devenue nécessaire à quiconque ne veut pas être dupe : l'on en est venu au point, non-seulement de tolérer la dissimulation et la mauvaise foi, mais encore d'en donner des leçons aux personnes destinées à gérer la chose publique. Frédéric-le-Grand, dans ses matinées royales, donnoit pour précepte à son neveu, qu'il ne falloit jamais hésiter à rompre ses engagemens, et à en contracter de tout opposés, quand on y trouvoit son profit. Le fameux cardinal de Richelieu avoit coutume de dire que les hommes probes n'étoient pas propres aux grandes affaires : c'est ce qui fait que, depuis longtemps, on préfère un ministre rusé à un ministre juste, toutes choses égales d'ailleurs; et c'est peut-être une nécessité de nos jours; car un peuple qui négocieroit avec franchise, dans la persuasion qu'on en agiroit de même avec lui, courroit infailliblement à sa perte; on saperoit les fondemens de son existence politique, dans le temps même que l'on feroit des traités offensifs et défensifs avec lui: que dis-je! lors même que l'on vien-

5

droit à son secours contre un voisin turbulent et ambitieux, ou pour l'empêcher de se dévorer lui-même.

La Guerre, le Despotisme, et leurs divers fléaux, suite naturelle de nos Institutions.

La guerre, le despotisme, la superstition, et les lois atroces, sont des suites non moins naturelles de nos institutions, que toutes celles que nous avons vues jusqu'ici.

Pour peu que le riche ait d'ambition, il y a une idée qui le tourmente jour et nuit, et qui fait le seul objet de ses méditations: c'est celle d'étendre sur toute la société l'influence qu'il exerce sur une partie. Si la grandeur de l'entreprise l'effraye, les nombreux succès en ce genre le rassure; l'amour de la gloire le soutient, et la haute idée qu'il a de son mérite, toujours exagéré par ses flatteurs, achève de le déterminer : il commence par préparer ses moyens d'exécution, en distribuant de l'argent et des promesses pour se faire des partisans; dès qu'il croit en avoir assez, il éclate à la première occasion favorable qui se présente, ou qu'il fait naître adroitement : s'il rencontre des obstacles invincibles de la part de quelques rivaux, la moindre chose qui arrive ordinai-

rement à un peuple, en pareil cas, est de devenir la proie d'une ou de plusieurs puissances
voisines, qui mettent tous les citoyens d'accord,
en les mettant tous sous le joug : si cela n'arrive
pas, l'un des partis l'emporte, ou les succès sont
balancés : dans le premier cas, le vainqueur
commence par décimer les uns, et gouverne
les autres par la terreur; dans le second, ils se
font une guerre d'extermination, jusqu'à ce
que, ennuyés de leurs vains efforts, et d'un
état où leur fortune et leur vie sont également
menacés, ils se donnent volontairement un
maître, en se réservant le droit de l'élire, dans
l'espoir de l'être un jour eux-mêmes : celui-ci
qui veut transmettre à sa postérité un si bel
apanage, tâche de le faire déclarer héréditaire;
s'il y réussit, il est obligé de gouverner despo-
tiquement les récalcitrans; s'il ne réussit pas, le
jour de l'élection vient, l'ambition se réveille,
tous les ressorts de la cabale et de l'intrigue
sont en mouvement, chacun veut être élu, et
par conséquent personne ne peut l'être; l'on
retombe dans l'anarchie, et l'on se chamaille
de nouveau : l'expérience les ayant convaincus
que la monarchie élective ne peut leur procurer la tranquillité qu'ils désirent, ils se jettent
dans le système de l'hérédité, qu'ils convien-

nent de regarder comme sacré, comme de
droit divin; pour tâcher de se faire illusion
à eux-mêmes et aux autres, ils se prosternent
devant leur propre ouvrage, le louent, le flat-
tent, lui assignent des palais somptueux, des
ministres, des conseillers, une garde nombreuse et brillante, des armées formidables;
ils entourent son trône de pompe et de magnificence, relèvent l'éclat du diadême par des
pierres précieuses, chamarrent la pourpre de
broderie, de rubans, de crachats; à tout cela,
il ajoute de lui-même des ordres militaires, des
grands officiers de la couronne, des chambel-
lans, des maîtres de cérémonies, des écuyers,
des louvetiers, des hérauts d'armes, des pages,
et jusqu'à des bouffons. Si tant de belles choses
ne font pas tourner la tête à celui qui se sou-
vient de son premier état, il n'en est pas de
même de ses successeurs; nés dans la pourpre,
adorés dès le berceau, ils ne peuvent s'empêcher de croire qu'ils sont d'une autre nature
que leurs sujets; ayant ordinairement pour
père un despote, pour compagnons des flatteurs, pour serviteurs des esclaves, pour instituteurs des fripons qui leur disent que leurs
volontés sont la loi suprême, que le faste est
grandeur, la profusion générosité, la cruauté

justice, l'art de duper les hommes la première
des sciences, et celui de les tuer la première
des gloires : aussi regardent-ils comme rien le
bonheur et la vie de leurs sujets. Non content
de dominer sur eux, un jeune souverain,
enivré de flatteries, convoite les richesses et la
puissance de ses voisins, et médite de bonne
heure la perte d'une nation rivale : il commence
par la provoquer; elle fait des remontrances,
demande des explications; il répond d'abord
avec hauteur, et puis avec insolence; on se mesure, on se tâte, on se prépare de part et d'autre,
et l'explosion a lieu dès que l'on se croit en
mesure : la lutte une fois commencée, il faut la
soutenir; et, si l'on obtient l'objet désiré, l'on
veut mettre son antagoniste dans l'impossibilité
de recouvrer ce qu'il a perdu : si l'on est
vaincu, l'ennemi entre dans le pays la rage et
la vengeance dans le cœur, brûle et détruit
tout sur son passage. Pour arrêter ce fléau destructeur, il faut arracher le laboureur à sa charrue, l'artisan à son industrie, et pomper l'argent de mille manières : si l'on réussit, l'on
veut verser sur le destructeur tous les maux
qu'on a soufferts. Les puissances belligérantes
sont-elles forcées, par l'épuisement, de revenir
au point d'où elles sont parties? La haine, le

ressentiment, l'orgueil, un droit de succession
si souvent réclamé et contesté dans les monarchies, les fait recommencer la guerre avant
que leurs plaies soient cicatrisées, et ainsi de
guerre en guerre, jusqu'à ce que les provinces
frontières ne soient plus que des déserts, et leur
sein de vastes tombeaux. Cependant, les princes,
les ministres, tous les officiers civils et militaires
qui ont survécu au désastre, veulent toujours
vivre dans la même splendeur qu'auparavant :
cela, joint à la nécessité de se tenir plus que jamais sur ses gardes, exige de nouvelles levées
d'hommes et d'argent : ces nouvelles réquisi-
tions irritent le peuple épuisé; son air triste et
sombre, ses murmures et ses plaintes, font
craindre les suites de son désespoir; il faut encore resserrer les liens de cette sanglante subordination qui pèse déjà sur lui : pour le
faire avec succès, il faut au monarque une autorité absolue; afin de l'obtenir, il promet aux
riches la soumission la plus complète de la part
du peuple, en échange de la leur, et les
effrayent, par des peintures exagérées, des inconvéniens de l'esprit d'indépendance; s'ils font
encore la sourde oreille, il leur fait entendre
que, s'ils s'obtinent à lui refuser ce qu'il demande, il se jetera dans les bras du peuple, qui

a de bien meilleures raisons de porter envie aux
avantages dont ils jouissent, qu'eux de jalouser
ses priviléges, qui ne sont, en effet, que la
sauve-garde des leurs. Que répondriez-vous,
leur dit-il, à un laboureur, un artisan, ou un
simple manœuvre, qui vous diroit : « Tout me
crie, que si quelqu'un a droit d'être plus riche
qu'un autre, c'est assurément celui qui travaille
davantage et le mieux; c'est celui qui est le
plus industrieux, celui enfin qui rend les services les plus essentiels à la société : or, il n'y a
pas de doute que c'est le laboureur, l'artisan
et le manœuvre, c'est-à-dire moi-même, puisque
c'est moi qui prépare la terre pour recevoir le
blé, qui le sème, le récolte, et le fait passer par
toutes les métamorphoses qu'il doit subir avant
de pouvoir servir de nourriture à l'homme;
c'est moi qui forge les instrumens des arts, qui
les employe à la confection des bâtimens, des
tissus et des habits qui le couvrent; c'est donc
moi, strictement parlant, qui fais subsister la
société; bien plus, c'est encore moi que l'on
charge particulièrement de veiller à la sûreté,
tant au dedans qu'au dehors; je veille la nuit
dans les corps-de-garde, pour assurer la tranquillité publique; je passe les nuits glaçantes
de l'hiver à la porte du riche dignitaire, tandis

qu'il repose nonchalamment sur un sopha, ou dort sur le duvet; c'est moi qui repousse, au dépens de mon repos, de ma santé, de ma vie même, l'ennemi étranger; cependant, je ne possède rien, pas même le droit de me plaindre, ou, si je le fais, je suis traité de séditieux; en un mot, je vis dans la misère, et meurs dans la fange et l'opprobre; le riche, au contraire, oisif du matin au soir, est comblé d'honneurs, de respects et de biens : or, comment se fait-il, qu'étant pétri du même limon, ayant les mêmes organes, les mêmes formes et les mêmes facultés, je sois obligé de travailler nuit et jour, pour le mettre à portée de vivre dans un luxe révoltant?.... » Certes, continue le monarque, ce n'est pas par des moyens doux et extraordinaires que l'on peut soutenir un ordre de chose aussi contre nature : il faut nécessairement que vous l'abandonniez, ou que vous m'accordiez ce que je vous demande (1): Les riches, naturellement égoïstes, finissent par tout accorder à leur chef, dans la crainte de compromettre leurs immenses possessions et leurs priviléges : celui-ci, pour répondre à leur

(1) Ce discours a été tenu plus souvent qu'on ne pense.

confiance, et satisfaire son ambition, commence par ordonner à ses suppôts de circonvenir l'esprit du peuple des préjugés les plus absurdes, dès sa plus tendre jeunesse; et, pour qu'il ne puisse secouer ces chaînes, qu'ils disent plus ou moins salutaires, à proportion qu'elles leur sont plus ou moins avantageuses, ils l'accoutument à les regarder comme sacrées, en faisant parler les oracles, les augures, et Dieu lui-même. Pour mettre le sceau à cet œuvre d'iniquité, ils placent leur idole dans le ciel après sa mort, et lui font tout diriger ici-bas, selon leurs intérêts ou leurs caprices; c'est ce qui déifia le parricide Jupiter, le voleur Mercure, Vénus la prostituée et tant d'autres. Depuis que le Paganisme est proscrit, l'on n'ose plus faire un Dieu, d'un roi ou d'un brigand; mais l'on se prévaut de quelques passages obscurs de l'Écriture sainte, pour les faire regarder comme des images vivantes de la Divinité, ses oings, ses vicaires sur la terre, comme des êtres singulièrement privilégiés, dont on ne peut diminuer la puissance sans crime, ni révoquer les droits en doute sans impiété; on les licencie, pour ainsi dire, à tous les forfaits, par de prétendues grâces d'État, qui leur procurent l'impeccabilité, toutes les vertus, tous les talens et

toutes les perfections : telle est la source de
l'obéissance passive, du grand respect que l'on
porte aux riches, et de l'obligation de croire
sans examen, ou de n'examiner que quand le
jugement est tout-à-fait obscurci par les préjugés, ou enfin que l'on est assez corrompu
pour aspirer à une portion de la tyrannie.
Cependant, comme les menaces et les peines
de l'autre monde ne suffisent pas toujours pour
contenir des hommes fatigués de vexations
toujours renaissantes, et continuellement ex-
cités par leurs besoins, leur raison et la nature elle-même, il faut des lois extrêmement
sévères, et leur donner des sanctions atroces :
de là ces affreux supplices des Anges, de la
croix, du pal, de l'huile bouillante, du
plomb fondu, du fouet, de la roue, des tenailles et du knout : de là encore, les brasiers
de l'inquisition, la torture, les bastilles, les
chambres ardentes, les tribunaux arbitraires,
les fusillades et autres exécutions sanglantes,
pour étouffer toutes les plaintes, comprimer
tous les discours, et enchaîner jusqu'à la pensée.
Il ne faut pas croire, avec beaucoup de personnes, que ces barbaries sont l'effet de la
cruauté naturelle de quelques législateurs féroces : c'est la conséquence directe d'un prin-

cipe incontestable. Les lois et leur sanction doivent être d'autant plus terribles, que les choses qu'elles défendent sont plus naturelles; car l'on conçoit aisément qu'il faudroit un châtiment beaucoup plus sévère pour empêcher un cuisinier affamé de goûter des mets qu'il prépare, que pour celui dont l'estomac seroit rassasié avant de se mettre en besogne. Ce fut d'après ce principe, que Xercès, supplié par un roi de l'Asie-Mineure de lui laisser son fils unique, le fit fendre en deux, et défila avec son armée entre les morceaux palpitans. Il crut que c'étoit-là le seul moyen d'empêcher efficacement la répétition d'une demande aussi naturelle. Ce furent de pareils motifs, sans doute, qui portèrent les anciens législateurs français à prononcer la peine de mort contre une servante qui avoit volé douze sous à son maître.

Opposition de notre Système avec l'Évangile.

Un système qui enfante de pareilles horreurs, ne peut manquer d'être en opposition directe avec l'Évangile : chaque précepte de celui-ci condamne formellement tout ce qui se pratique dans celui-là. L'Ecriture sainte nous dit que l'homme est fait pour servir, et non pour être servi, qu'il doit manger son pain à la sueur de son front, qu'il vaut mieux obéir à Dieu qu'aux hommes, que celui qui ne travaille point ne doit point manger, etc.; et l'on diroit que le riche n'a été mis sur la terre que pour dévorer ce que le laboureur lui fait produire. Non-seulement il ne travaille pas, mais il force le pauvre à faire son travail à telle condition qu'il lui plaît, sous peine de mourir de faim, ou d'expirer sous les coups de fouet, de nerf de bœuf ou de bâton. Ses trésors lui donnent une influence qui met les meilleurs ministres de la religion, dans la triste nécessité de donner continuellement des entorses à ses plus saintes maximes, ou au moins à garder le plus pro-fond silence sur ses prévarications. L'Evangile dit que nous devons être humbles, sobres et chastes : mais comment le riche peut-il être humble, lorsqu'il entend toujours prêcher aux pauvres, qu'ils doivent obéir aux grands et les respecter, quoiqu'ils n'aient d'autres titres à leur vénération que leurs richesses? Peut-il seule-ment penser à l'humilité, quand il vient à com-parer le faste qui l'environne avec la misère de l'indigent? Lorsqu'il peut se dire à lui-même, ces jardins délicieux, ces beaux vergers, ces fertiles prairies couvertes de nombreux

troupeaux, ces vastes campagnes couronnées
de riches moissons, ces forêts immenses que
j'aperçois dans le lointain, tout cela est à moi,
je puis en disposer comme bon me semble;
je puis faire labourer ce terrain ou le laisser en
friche, excepté ce qui est nécessaire à l'entretien de ma famille; je puis faire régner l'abondance, ou commander la famine dans ce canton
sans que l'on puisse légalement m'en empêcher;
par conséquent, l'aisance ou la pénurie, la vie
ou la mort de ceux qui l'habitent dépendent
en grande partie de moi. Peut-il alors étouffer
les sentimens d'orgueil qui s'élèvent naturellement dans son cœur? Le dignitaire peut-il se
défendre d'un pareil sentiment, en pensant aux
honneurs qu'on lui rend, aux places qu'il peut
donner ou ôter, et à tous les individus qu'il
peut élever ou réduire à la mendicité? Peut-il
même ne pas concevoir un souverain mépris
pour des êtres obligés de se soumettre à tous
ses caprices, et de faire mille bassesses pour
avoir quelque part à ses faveurs ou éviter son
ressentiment? Si le riche vouloit être sobre, il
prendroit sans doute le moyen le plus propre
à y réussir, qui seroit de se dépouiller en faveur du pauvre de tout ce qui n'est pas nécessaire pour maintenir sa famille dans une

honnête abondance, car il est bien plus aisé
de se passer de ce qu'on n'a pas, que de ne
point mésuser du superflu; mais puisque, non
content de garder cent fois plus de propriétés
qu'il ne lui en faut pour vivre décemment, il
parque encore, autant qu'il peut, ses enfans sur
le trésor public; ce ne peut être que pour
avoir des palais, des meubles et des équipages
somptueux, de riches vêtemens, une suite nombreuse, une table servie avec délicatesse et profusion; comment concilier tout cela avec les
préceptes de l'Evangile? Le moyen, surtout,
de ne pas boire et manger avec excès, lorsqu'on est excité par la rareté et la délicatesse
des mets et des vins, pressé par les convives,
provoqué par tous les ingrédiens les plus irri-
tans, et toutes les ressources de l'art du cuisinier? Un tel genre de vie procure une sura-
bondance de santé qui accélère singulièrement
le développement des passions, et leur donne
une impétuosité à laquelle on ne résisteroit
pas aisément, même au fond de la plus triste
solitude; et, à plus forte raison, lorsque les
parures recherchées, les mises indécentes et
les danses lascives viennent à faire fermenter
ce déluge de feu qui coule dans les veines du
riche adolescent. Que peut-il résulter de tout

cela ? Rien autre chose qu'un sytème de séduction général, et un libertinage effréné. De là
cette multitude de prostitués, de maîtresses,
de concubines; ces fréquens adultères, et ces
nombreux sérails recrutés à grands frais dans
toutes les parties du monde. A la suite de la
satiété, le goût se déprave, et le libertin finit
quelquefois par se livrer aux crimes que la nature abhorre, autant que la morale et la religion les réprouvent.

L'Impiété, suite naturelle de notre Système.

Est-il possible qu'un homme qui s'est ainsi
plongé dans le bourbier des plus sales voluptés,
et qui, depuis le jour de son adolescence, a
vécu dans un oubli continuel de tous ses devoirs envers Dieu et les hommes, ne devienne
pas impie? Non, il doit naturellement désirer
qu'il n'y ait point de Paradis qu'il désespère
d'obtenir, et à plus forte raison point d'Enfer
qu'il sait bien devoir être son partage; car il
se rend la justice qu'il mérite; il ne croit pas
qu'un Dieu juste puisse lui tenir compte d'un
repentir qui n'est dû qu'à l'impuissance, ou
se contenter de quelques vaines formules ou
de quelques actes de bienfaisance qui ne
peuvent jamais réparer la moitié du mal qu'il

a fait : ce désir devient bientôt une opinion qu'il étaye de tous les raisonnemens que sa mémoire et son imagination lui fournissent, et les sophismes que la crainte de l'anathème foudroyant prononcé contre les riches lui suggère. Quand la saison des plaisirs est passée, il ne trouve ordinairement d'autre ressource contre l'ennui d'une vie désœuvrée que dans la lecture; son penchant le porte naturellement à lire les livres immoraux et impies, et surtout ceux qui établissent le matérialisme : il critique amèrement tout ce qui prouve en faveur de la religion, et saisit avec avidité tout ce qui peut lui nuire; la désolante doctrine de quelques fanatiques qui font de Dieu un tyran, et ne s'occupent que de chercher de la pâture à sa vengeance; quelques passages de l'Ecriture sainte qui semblent contredire les lois de la saine physique, certaines pratiques et cérémonies religieuses qui donnent à la religion une teinte d'idolâtrie et de charlatanisme, le confirment de plus en plus dans son incrédulité; enfin l'incompréhensibilité des mystères et les miracles qui ne viennent plus comme autrefois donner un démenti formel à l'incrédulité, l'y fixent irrévocablement.

Le riche n'est pas le seul que le système actuel pousse dans l'incrédulité; les pauvres n'ont

certainement pas le même intérêt qu'il n'y ait
point de Dieu vengeur des crimes ; mais leur
foi est fortement ébranlée par les doctrines
égoïstes de la politique, les contradictions iné-
vitables qu'ils observent entre les maximes du
monde et celles de la religion, entre les discours de ses ministres et la conduite volontaire
ou forcée d'un très-grand nombre. Ceux-ci
s'évertuent à crier que la religion est le plus
solide appui de l'ordre social ; ce qui seroit
une chose excellente, si cet ordre étoit fondé
sur l'Evangile, ou, ce qui revient au même, sur
l'équité, sans laquelle il ne peut y avoir aucune
rectitude dans ce monde : mais rien de plus
préjudiciable à la religion, si l'on entend l'ordre actuel qui est fondé sur un principe gé-
nérateur de tous les vices capitaux ; or, c'est ce
dont personne ne peut douter ; et le peuple,
ne distinguant pas entre les opinions particulières de quelques prêtres, et la doctrine évangélique, trouve cette religion-là bien cruellement bizarre, qui défend des vices sous peine
de l'Enfer, et ordonne, sous les mêmes peines,
de soutenir un ordre de choses qui les engendre si naturellement, que l'on peut à peine
concevoir l'un sans les autres. Quelle idée doit-il
se faire d'un Dieu au nom duquel on lui or-

6

donné quelquefois d'égorger ou brûler son
semblable, sans en avoir ni lui ni personne
reçu la moindre offense? De rester fidèle à ses
maîtres aux dépens même de sa vie, quelque
cruels qu'ils puissent être? Qui veut, ou du
moins consent, que les uns aient tout et les
autres rien? Que ceux-ci suent sang et eau pour
faire vivre ceux-là dans l'oisiveté, le luxe et
le plaisir? Qui condamne les premiers, malgré
leurs services et leur misère, à des tourmens
éternels pour une infraction à des lois égoïstes
ou de pur caprice, et accorde un bonheur
sans fin, pour un acte de contrition ou des
messes bien payées, à ceux qui ont épuisé
toutes les sources de la volupté, et violé toutes
les lois dans le cours d'une longue vie? Peut-
il, après cela, croire que Dieu est souverainement juste? Qu'il ne fait exception de personne, et que tous ses commandemens sont
équitables? L'on dit aux pauvres que leur état
est préférable à celui du riche, puisque c'est
celui que Dieu a choisi quand il est venu parmi
les hommes : mais peuvent-ils croire que l'on
est de bonne foi, quand ils voient riches et
pauvres, prêtres et laïques courir après la
fortune avec avidité, et que ceux qui y par-
viennent, même par des moyens bas et iniques,

au lieu de devenir des objets d'horreur et de
mépris, n'en sont pas moins obéis; moins re-
cherchés et moins respectés? Quand ils enten-
dent des sermons sur l'humilité, la sobriété, le
pardon des injures, la sincérité, et qu'ils voient
les riches de toute dénomination réclamer des
distinctions et des priviléges, donner et ac-
cepter des galas, manquer à des promesses
solennelles, ne respirer que haine et vengeance,
punir un mot comme un vol, forcer tous les
citoyens à se lier par des imprécations, pour
faire triompher des préjugés ridicules et soutenir des principes impraticables : peuvent-ils,
en voyant tant de contradictions, n'être pas
tentés de croire que le Paradis est une belle
chimère dont on les berce, pour leur faire
supporter leurs maux avec patience ; l'Enfer,
l'épouvantail des foibles et des sots; la morale,
un charlatanisme barbare; et la religion toute
entière, un frein inventé par la politique, pro-
pagé par l'égoïsme, et soutenu par la superstition ?

Les Discordes civiles et les Révolutions, suites naturelles de notre Système.

Un système social qui fourmille de contradictions aussi choquantes, et qui laisse un

champ si vaste ouvert à tous les genres d'ambition, renferme en lui-même tous les germes
des discordes civiles et des révolutions; car,
quoi qu'en disent certaines personnes, ce sont
ces choses-là, bien plus que la philosophie,
qui, en sont les véritables causes. En effet,
n'est-ce pas au désir insatiable du pouvoir, que
nous devons les guerres appelées intestines et
du bien public; les factions des d'Armagnacs,
de la Ligue et de la Fronde? N'est-ce point à
l'inconséquence du clergé, et aux arrogantes
prétentions de la noblesse, que sont dues les
premières semences de la révolution du siécle
dernier? Si l'on en croit la plupart des écrivains
modernes, son explosion n'auroit point eu lieu,
sans la fortune colossale d'un seul homme. Nous
ne pouvons pas dire jusqu'à quel point cette
assertion est fondée; mais nous ne balançons
pas à croire que, sans la dévorante ambition des
richesses et des dignités, notre belle et glorieuse
patrie ne seroit pas aujourd'hui l'objet des insultes de ses ennemis, et la risée des peuples
qui naguères étoient fiers de son alliance et de
sa protection. Cependant, le principe le plus
fertile en révolutions se trouve caché, 1.º dans
la tendance de presque tous les gouvernemens au pouvoir absolu, et dans la ténacité

des privilégiés : non-seulement ceux-ci ne veulent rien relâcher de leurs prétentions, il veulent encore les augmenter, en dépit des circonstances; et, comme la marche de l'esprit
tend à s'élever vers le perfectionnement général, il s'ensuit que les tuteurs de l'État et l'esprit
public vont presque toujours à contre-sens : tant
que les premiers peuvent lutter contre le dernier, ils ne lâchent jamais prise; il semble
qu'ils aient pris pour devise cette arrogante
maxime, *plutôt rompre que de plier;* ils aiment
mieux heurter l'opinion générale, et s'exposer
à tous les inconvéniens qui peuvent en être la
suite, que de consentir à modeler les institutions sur les progrès de l'esprit humain : chacun
cherchant à modeler l'autre sur soi, il s'établit,
entre les deux parties d'un tout, une lutte qui
les empêche de jamais se rapprocher, quoiqu'elles soient faites pour être intimement
unies. Voilà pourquoi, à la moindre secousse,
l'on ne voit que dissentions, souvent accom-
pagnées de meurtres et de brigandages; et tout
le fruit qu'on en retire ordinairement est une
augmentation de despotisme, ou une liberté
anarchique, selon que l'une ou l'autre l'emporte, et tout cela en proportion des obstacles que le parti triomphant a rencontrés.

2.° Dans la haine secrète que le peuple porte naturellement à tous ceux qui contribuent à sa misère. Or, nous avons vu que les riches et les dignitaires amènent ou augmentent la disette par leur consommation inutile; l'accablent, par leur oisiveté, sous le poids d'un travail continuel; insultent à sa misère par un luxe scandaleux; le condamnent, par leur influence, ou des lois égoïstes, à une espèce de servitude perpétuelle, à l'ignorance, et à souffrir, sans oser se plaindre, toutes les avanies qu'il leur plaît de lui faire : il est donc bien naturel qu'il cherche à sortir d'un pareil état, et qu'il saisisse toutes les occasions qui se présentent de le faire avec succès : mais à peine a-t-il fait le premier pas vers la liberté, qu'il s'aperçoit que ces hommes, dont il a été le très-humble serviteur, auroient souvent mérité d'être regardés comme la plus vile partie du genre humain, et toujours la plus inutile et la plus à charge, puisqu'ils ne font que dévorer : alors il s'étonne de les avoir respectés, sans avoir jamais observé en eux la moindre trace de vertu, prônés sans le moindre mérite, et de les avoir quelquefois proclamés les pères du peuple et de la patrie, pour avoir fait ou consenti des lois qui n'avoient d'autre but que de

les faire jouir en sûreté de leurs avantages particuliers : le sentiment de sa misère, l'envie
qui le stimule, la honte d'avoir été si longtemps dupe, lui fait non-seulement désirer de
sortir de son humiliation, mais encore de se
venger de ceux qui l'y ont tenu ; et, ce qu'il
y a de pis, c'est que, croyant toujours voir un
oppresseur, un traître ou un tyran, partout où
il voit un riche, un dignitaire ou un prêtre, il
confond souvent, dans sa fureur, l'innocent
avec le coupable.

Réflexions particulières.

Nous pourrions pousser cette critique beaucoup plus loin ; il nous seroit aisé de prouver
que le système actuel fomente l'avarice, la
dureté du cœur, la mollesse, dont les conséquences sont terribles pour les États comme
pour les particuliers, et renferme un principe
de corruption et d'infidélité aux véritables devoirs du citoyen ; mais ce que nous avons dit
suffira pour convaincre tout homme véritablement juste et impartial, qu'il ne peut être trop
tôt extirpé de ce monde, s'il a eu son plein et
entier effet dans tous les lieux et dans tous les
temps : or, c'est ce dont l'histoire ne permet
pas de douter ; mais, comme il y a beaucoup

de personnes qui ont un grand intérêt à le
nier, et que tout le monde ne lit pas l'histoire,
il ne sera pas hors de propos de parcourir rapidement celle de quelques uns des peuples les
plus fameux par leur civilisation, leurs connoissances, leurs richesses et leur puissance,
afin que tous les lecteurs puissent juger des
autres par analogie. Il ne nous seroit pas difficile de remplir cette tâche, et de forcer les
plus effrontés dénégateurs jusques dans leur
dernier retranchement, si les historiens, moins
timides ou moins corrompus, avoient tracé,
d'une main impartiale et hardie, le tableau
fidèle de la prospérité ou de la misère des peuples, les actions des princes et des grands, des
magistrats, des prêtres, et enfin de tous ceux
qui ont quelque moyen de nuire ou d'être
utile : au lieu de cela, les modernes surtout
ne nous entretiennent que de noms, de dates,
de titres, d'intrigues de cour, de descriptions
de batailles, de marches triomphales, de pompes
funèbres et de magnificence; s'ils le faisoient
pour nous inspirer du dégoût pour de telles
folies, ils auroient raison; mais c'est dans la
seule vue de nous les faire admirer, et faire
naître en nous un respect sans bornes pour
ceux qui en sont l'objet : il en est même qui

semblent chercher à justifier l'injustice et la
tyrannie, par la manière dont ils représentent
les faits : s'ils parlent d'une révolte causée par
le refus inhumain de faire cesser des vexations insupportables, pour des dénis de justice,
pour des promesses impudemment violées, ils
nous disent froidement qu'on fit pendre une
douzaine des plus séditieux, raser leurs maisons, confisquer leurs biens, et tout rentra
dans l'ordre. D'autres représentent tout mouvement de la part du peuple comme une sédition, ceux des grands comme du patriotisme;
la punition de celui-ci comme une justice, et
celle de ceux-là comme une horrible tyrannie.
Malgré cette criante partialité, nous ne déses-
pérons pas de trouver dans l'histoire encore
assez de renseignemens, qui, à l'aide de quelques réflexions, pourront mettre tout lecteur
judicieux à portée d'apercevoir le véritable état
des choses.

CHAPITRE V.

Coup-d'œil historique sur quelques-uns des plus fameux Peuples anciens et modernes.

Des Égyptiens.

LES Égyptiens, nés sous un ciel sans nuages, où le printemps et l'automne se donnent toujours la main, habitoient un pays de deux cents lieues de long et de trente de large. La nature sembloit y avoir rassemblé tout ce qu'il y a de meilleur sur la terre; elle avoit encore doué ses habitans d'une industrie singulière; ils excelloient dans tous les arts nécessaires ou utiles; ils eurent des génies supérieurs qui firent des découvertes admirables : avec de si grands avantages, ce pays devoit toujours être couvert d'une heureuse population : cependant, il n'en fut point ainsi. Les rois, puissamment secondés par les prêtres, vinrent à bout d'établir un culte différent dans chaque province : ici l'on adoroit le chat qu'on abhorroit ailleurs; dans celle là, c'étoit le bœuf qu'on mangeoit dans une

autre : dans quelques-unes un poisson dont
le peuple voisin faisoit ses délices : ailleurs,
c'étoit le mouton; et, dans beaucoup d'endroits, le loup, son mortel ennemi: par ce moyen
machiavélique, les peuples se trouvoient divisés par des haines irréconciliables qui les
disposoient à s'entr'égorger au premier signal
que l'on manquoit rarement de donner, quand
une ou plusieurs provinces montroient quelque
penchant à la révolte. Toutes les terres étoient
divisées entre le roi, les prêtres et les soldats,
c'est-à-dire entre le despote et les instrumens
naturels du despotisme : le peuple n'avoit pour
vivre que le surplus de son travail qui étoit
nécessaire pour mettre tous ces parasites à
portée de vivre dans une voluptueuse indo-
lence : pour empêcher ces malheureux de penser au dur esclavage où ils étoient réduits,
non-seulement on les chargeoit de tous les travaux de l'agriculture, mais on les obligeoit encore de tailler des labyrinthes dans le roc, à
creuser et entretenir des canaux et des réser-
voirs d'une immense étendue; on les forçoit
d'extraire des blocs énormes des souterrains
de la Haute Égypte, et à les transporter quelquefois à cent cinquante lieues de distance,
pour faire ces colonnades, ces obélisques, ces

palais, ces temples et ces pyramides dont l'E-
gypte étoit autrefois couverte. Hérodote dit
que Chéopes ordonna de ne travailler qu'à ces
sortes d'ouvrages : Cephrenus, qui lui succéda,
ayant déja fait autant d'ouvrages inutiles que
lui, fit encore bâtir une pyramide d'une pierre
blanche tirée dans les environs d'Eléphantine :
ces deux derniers princes opprimèrent tellement leurs sujets pendant l'espace de cent
soixante ans, qu'ils résolurent après leur mort
de ne jamais prononcer leur nom, et regardè-
rent Mycerine comme un Dieu, parce qu'il
leur permit de veiller à leurs propres affaires.
Sous Psamméticus, l'on voit deux mille Egyp-
tiens quitter leur pays pour aller s'établir ailleurs, malgré lui : les historiens attribuent cette
émigration au dépit que leur causa la bonne
réception que ce roi fit à une colonie grecque
qui vint s'établir en Egypte; mais il est bien
plus probable qu'on les avoit mis dehors de
chez eux pour y placer les étrangers, ou qu'ils
étoient extrêmement malheureux auparavant;
car il est impossible qu'un motif aussi pitoyable
ait pu déterminer tant d'individus à un aussi
pénible sacrifice que celui d'abandonner pour
jamais le pays qui les avoit vu naître : quoi
qu'il en soit, les Perses, sous Cambyses, vin-

rent mettre le comble aux calamités des Egyp-
tiens, en exterminant les plus braves, et en faisant de ce beau royaume une province de
leur empire. Passés ensuite sous la domination
des Grecs, ils respirèrent jusqu'à Ptolémée Phi-
lopator : une des actions les plus éclatantes de
son règne fut de faire égorger quarante mille
Juifs devenus depuis longtemps ses sujets; ce
prince, livré à la crapule, abandonna son
royaume à des hommes corrompus et à des
femmes sans pudeur qui distribuoient les emplois civils et militaires à des gens de leur
trempe. Epiphanes, son fils, parvenu au trône
à l'âge de quinze ans, empoisonna son tuteur:
sa conduite cruelle occasionna une révolte
qu'il appaisa à force de promesses; redevenu
maître, il manqua à sa parole, et fit expirer
dans les tourmens tous ceux qui avoient eu
part à la rebellion; mais enfin il fut empoi-
sonné pour avoir médité la perte de tous ses
courtisans. Physcon, s'étant emparé du souverain pouvoir, au préjudice de son neveu, le
fit égorger, et ensuite tous ceux qui avoient
contrarié ou favorisé son usurpation; les premiers, parce qu'ils s'étoient déclarés ses ennemis; et les seconds, parce qu'ils pouvoient
rendre à un autre le même service qu'ils lui

avoient rendu : le carnage fut si grand, dit l'Historien, qu'il n'y a point d'exagération à dire que les rues de Cyrènes et d'Alexandrie regorgèrent de sang humain : les instrumens de ses cruautés furent des étrangers féroces qu'il payoit bien, pour exécuter aveuglément ses ordres (1) : il avoit tant tourmenté les habitans d'Alexandrie, qu'il craignoit à chaque instant qu'ils ne se révoltassent ; pour les en empêcher, il fit massacrer toute la jeunesse la plus distinguée qui se trouvoit un jour rassemblée dans l'Hypodrôme : les pères et mères de ces malheureux ayant pris la fuite, il fit venir des étrangers auxquels il distribua leurs biens ; cependant les vexations que ses nouveaux sujets éprouvèrent de sa part, les fit bientôt se repentir d'avoir accepté les dons d'un pareil bienfaiteur : il eut des enfans dignes de lui ; ses trois filles s'entr'égorgèrent, un de ses fils tua sa mère ; et l'autre, dans une guerre qu'il fit aux Juifs, ayant ses troupes cantonnées dans un pays qui lui étoit suspect, il fit couper en morceaux et bouillir dans des chaudières toutes les femmes et enfans

---

(1) C'est presque toujours le même motif qui fait prendre des troupes étrangères.

qu'il put attraper, afin de jeter la terreur
parmi le reste des habitans : il n'épargna pas
davantage son pays; la fameuse Thèbes, que
le désespoir avoit portée à la révolte, fut, par
ses ordres sanguinaires, détruite de fond en
comble : ainsi, dans notre système, la volonté
d'un frénétique peut anéantir, dans un jour,
dans une heure peut-être, la plus belle ville
du monde. Une des sœurs, qui avoit survécu
au fratricide, ayant dans son cousin germain
un compétiteur au trône, elle l'épousa, et en fut
égorgée dix-neuf jours après son mariage. Les
déréglemens de cet assassin, et les cruautés
qu'il exerça dans la suite, le firent enfin chasser;
mais il emporta avec lui des trésors immenses,
provenus de ses exactions. Aulètes, déposé et
rappelé par les intrigues de Rome, signala sa
restauration par la mort de sa propre fille, que
l'on avoit mise, malgré elle, sur le trône : il
fit mourir ensuite tous les riches citoyens, et
confisqua leurs biens, sous prétexte qu'ils
avoient favorisé une rebellion. Cléopâtre, sa
fille, si célèbre par sa beauté, son luxe, ses
débauches et son ambition, scella, par sa mort
violente, l'anéantissement de ce royaume. Sous
les Romains, il ne fut plus qu'une belle province, sujette à tous les caprices des proconsuls,

et aux déprédations de leurs agens; enfin, ses malheurs, s'aggravant de plus en plus, ce pays si fertile et si beau, qui avoit tant de villes au temps d'Hérodote, qui avoit nourri vingt, et peut-être quarante millions d'habitans, malgré la tyrannie de ses rois, en fait à peine vegéter deux millions et demi de nos jours. Détournons les yeux de ce berceau du despotisme, pour les tourner vers des peuples qui, sortant à peine de la barbarie, s'élevèrent, presque tout-à-coup, au plus haut degré de civilisation.

Des Grecs.

De tous les peuples dont l'histoire est parvenue jusqu'à nous, ce sont certainement les Grecs qui ont été le moins malheureux; mais ce n'est point assez : un pays comme la Grèce, où l'on ne connoît ni les frimas du Nord, ni les bouillantes ardeurs de la Zône Torride, qui a donné naissance à tant de sages et de législateurs, de philosophes et autres grands hommes en tout genre, auroit dû jouir d'un bonheur inaltérable : certes, ce n'est pas faute de connoître le système qui peut y conduire; Thalès, de Milet, en avoit posé les véritables principes dans sa réponse à Périandre, tyran de Corinthe; et Lycurgue n'avoit qu'un pas à faire

pour le porter au plus haut point de perfection.

En bannissant de Sparte les richesses et la
pauvreté, il pavoit le chemin à toutes les
vertus, et ôtoit au vice son plus ardent aiguillon; mais, en dirigeant l'éducation de la
jeunesse entièrement vers l'état militaire, il ou-
vroit la porte à bien des injustices. Cette éducation enflammoit le cœur des jeunes gens d'un
si ardent amour de la gloire, qu'il étoit impossible qu'ils ne franchissent pas les bornes au-
delà desquelles elle cesse d'être légitime : elle
leur donnoit, d'ailleurs, une âpreté de caractère qui dégénéroit souvent en férocité; mais,
ce qui étoit pire que tout cela, c'est qu'il leur
défendit de s'occuper d'autres choses; ce qui
rejetoit nécessairement la culture des terres et
des arts nécessaires ou utiles sur une seule
classe qui, par le fait même, devoit être op-
primée, et c'est ce qui ne manqua pas d'arriver. Ces ilotes, qui formoient les trois quarts
de la population, n'étoient pas seulement condamnés à suer sang et eau, pour mettre une poignée de citadins à portée de vivre sans travailler, il falloit encore qu'ils les suivissent à
la guerre pour les servir; qu'ils fissent toutes
les corvées, et qu'ils en partageassent tous les

7

dangers, quoique leurs maîtres en recueillissent
seuls toute la gloire. Il n'étoit pas permis aux
propriétaires de ces esclaves de les affranchir,
ni de les vendre à des étrangers; de manière
qu'il ne leur restoit pas même la plus petite
lueur d'espérance, seule consolation des malheureux : on ne leur accordoit de nourriture
que ce qu'il en falloit pour ne pas mourir de
faim : tout citoyen avoit droit de les insulter, de
les battre, et même de les tuer, en cas qu'ils lui
manquassent de respect, ce dont il étoit le seul
juge : on les enivroit de temps en temps, sous
prétexte de donner à la jeunesse de l'horreur
pour le vin; mais, en effet, pour s'amuser
des folies qu'ils disoient ou faisoient, dans cet
état où l'homme le plus sage se trouve au dessous
des plus stupides animaux. Tout ilote, dis-
tingué par sa taille ou sa bonne mine, étoit
voué à la mort comme un ennemi public. Tant
d'humiliations et de cruautés faisoient continuellement craindre qu'ils se révoltassent : les
enfans étoient autorisés à les tuer dans des em-
buscades, et quelquefois de les chasser comme
des bêtes fauves, afin de les empêcher de devenir trop nombreux; si cela ne suffisoit pas,
l'on indiquoit une cryptie ; c'est-à-dire, que
l'on donnoit à tout le monde, pendant un

certain temps, le droit de les tuer partout où
on les trouvoit. Thucydide rapporte un fait
qui prouve que la mauvaise foi n'étoit pas plus
inconnue à Sparte que l'injustice et la cruauté :
les éphores, ou premiers magistrats, ayant
conçu de la jalousie de la bravoure et du nombre des ilotes, qui se trouvoient alors sur le
territoire de Sparte, firent publier que ceux
qui voudroient servir comme volontaires dans
une expédition supposée, auroient leur liberté.
Il s'en présenta deux mille sur le champ : cet
empressement ayant fait connoître les plus in-
trépides, on les extermina si bien, que l'on
n'en a jamais revu aucun depuis. Cependant,
ces fiers oppresseurs furent enfin opprimés à
leur tour par plusieurs tyrans : le plus terrible
de tous fut Nabis ; il exila ou massacra tous
ceux qui étoient tant soi peu distingués par
leur mérite, leurs richesses ou leur naissance:
il inventa une machine représentant une femme
magnifiquement vêtue; quand on refusoit de
lui donner ce qu'il demandoit, il faisoit avancer
la machine, qui embrassoit le récalcitrant et
le pressoit fortement contre son sein garni de
pointes de fer, jusqu'à ce qu'il promît ce qu'on
lui demandoit.

Athènes, digne rivale de Sparte, et fière, à

juste titre, de son aréopage, tribunal le plus
juste et le plus éclairé qui fût jamais, ne rendit
cependant pas toujours les habitans de son territoire heureux : sa population, en y comprenant celle de ses campagnes, montoit à quatre
cent quarante mille hommes. Son législateur,
Solon, avoit voué à l'infamie tout homme convaincu d'oisiveté, et dispensé les enfans de
nourrir leur père dans sa vieillesse, quand il
ne leur avoit pas fait apprendre un métier; ce
qui suppose la non existence de la servitude :
néanmoins, de ces quatre cent quarante mille
hommes, quatre cent mille étoient des esclaves
qui cultivoient la terre, travailloient dans
les carrières, exploitoient les mines, peuploient
les manufactures, et faisoient, outre cela, tous
les ouvrages domestiques; mais il faut avouer,
à la louange de cette célèbre démocratie, qu'ils
étoient traités avec plus d'humanité que partout
ailleurs : la classe des domiciliés, qui montoit
à dix mille, étoit en revanche très-malheu-
reuse; si ceux qui la composoient avoient le
malheur de paroître dans l'assemblée du peuple, on les mettoit à mort impitoyablement,
sans aucune forme de procès : ils devoient se
choisir des cliens parmi les citoyens, pour répondre d'eux et payer huit drachmes, tous les

ans, au trésor public : ils perdoient leur bien
quand ils ne remplissoient pas la première
condition, et leur liberté quand ils man-
quoient à la seconde : dans les cérémonies religieuses, les hommes étoient obligés de porter
les offrandes, et les femmes de soutenir des pa-
rasols sur la tête des Athéniennes, proprement
dites : le peuple leur faisoit mille avanies, dont
ils n'osoient ni se venger ni se plaindre, et ils
étoient tous les jours exposés aux traits igno-
minieux de la plus sanglante satyre, qu'on
lançoit impunément contre eux sur la scène.
Le reste de cette population formoit le corps des
citoyens, qui étoit divisé en quatre classes : la
dernière se composoit de ceux qui avoient
au dessous de deux cents mesures, soit de blé,
de vin ou d'huile ; elle n'étoit pas beaucoup
plus heureuse que celle des domiciliés ; on
l'avoit entièrement exclue de la magistrature,
des emplois civils et militaires : son plus beau,
et peut-être son unique droit, étoit de voter
dans les assemblées ; mais elle étoit, en général,
si misérable, qu'il falloit la payer pour s'y
rendre : tous ses membres pouvoient être réduits en servitude, et il suffisoit pour cela de
ne pouvoir payer ses dettes ; ce qui arrivoit
souvent, selon toute apparence, puisque l'on

fut plusieurs fois obligé de les abolir, pour prévenir des révoltes. Les riches ne jouirent pas
toujours des avantages de la liberté : sous les
fils de l'usurpateur Pisistrates, ils eurent à souffrir toutes les violences du despotisme, et ils
auroient eu lieu de craindre de les voir prendre
racine sur le sol même de la liberté, si Hyp-
parque, après avoir déshonoré la sœur d'Har-
modius, n'avoit eu l'impudente audace de publier sa honte, lorsqu'elle alloit se ranger parmi
les Dames athéniennes, dans une cérémonie
publique : mais ce qu'ils souffrirent sous les
Pisistratides n'est rien, en comparaison des
cruautés des trente tyrans : ils commencèrent
par former un sénat prêt à exécuter leurs san-
glans édits : ils se donnèrent ensuite une garde
de trois mille satellites qui, selon eux, repré-
sentoient le peuple, et leur accordèrent le sin-
gulier privilége d'être les seuls qu'on ne pourroit mettre à mort, sans forme de procès.
Théramène, n'ayant pas été trouvé assez sanguinaire, fut forcé par les autres à boire la
ciguë : ce dernier frein ôté, ils firent souffrir
aux Athéniens tout ce que l'esclavage a de plus
horrible pour des hommes accoutumés à l'indépendance; l'on n'entendoit parler que d'exils,
d'emprisonnemens, de confiscations et de sup-

plices : enfin, si l'on en croit Xénophon, ces
tyrans firent périr, en huit mois seulement,
plus de citoyens que les ennemis du dehors en
trente ans de guerre. Si l'on entroit, comme
Thucydide, dans le détail de tous les maux
que se causèrent les différens états de la Grèce,
à l'instigation l'un de l'autre, l'on y verroit des
traits de barbarie dans le cas de déshonorer
des monarchies turques ou tartares. Corcyre en
offre surtout un terrible exemple : les Corin-
tihens, alliés de Sparte, et comme elle partisans
de l'aristocratie, ayant fait sur les Corcyréens
un grand nombre de prisonniers, ils les péné-
trèrent bien de leurs principes, et les ren-
voyèrent chez eux, pour tâcher de les y établir : ceux-ci y ayant réussi jusqu'à un certain
point, par le moyen de l'or des Corinthiens,
ils attaquèrent un jour les démocrates, et en
firent un carnage affreux : ces derniers, rede-
venus les plus forts par le moyen des Athéniens, et outrés d'une aussi infâme trahison,
poursuivirent leurs adversaires jusques dans
les temples, les arrachèrent des autels, et
les massacrèrent impitoyablement : ceux qui
s'étoient échappés dans la campagne éprouvèrent le même sort, excepté soixante, qu'ils
forcèrent à se tuer de désespoir, et cela pour

des distinctions de caste, doux fruits du système actuel. Mais passons à l'histoire du peuple
romain, qui jetera un nouveau jour sur le
sujet que nous traitons.

Des Romains.

Rome, cette reine des cités, dont les habitans, dans l'ivresse de la victoire, s'appelèrent
insolemment le peule-roi, sortoit à peine du
néant, qu'elle fut inondée du sang de ses fon-
dateurs. Les premiers rois qui la gouvernèrent,
s'étant livrés aux excès qu'engendre presque
toujours le souverain pouvoir, en furent bientôt bannis : mais, au lieu d'un gouvernement
populaire, comme à Athènes, l'on vit s'élever
une odieuse aristocratie, qui fit bientôt sentir au
peuple qu'il n'avoit fait que changer une tyrannie
contre une autre : ces riches patriciens tinrent
constamment le peuple dans l'abaissement et la
misère, par le moyen de leurs cliens et de leurs
énormes usures : ils pouvoient réduire le débi-
teur à la plus cruelle servitude; ils firent
même une loi qui les autorisoit à se partager
son cadavre, lorsqu'ils étoient plusieurs créanciers : l'histoire ne dit pas qu'elle ait été jamais
mise à exécution ; mais il se trouva des monstres qui maltraitèrent tellement les victimes de

leur insatiable avarice, qu'il en résulta une rebellion. Le refus obstiné du sénat à toute espèce
d'adoucissement des lois sur l'usure, venoit de
porter le mécontentement à son comble, lorsqu'un vieillard, pâle et décharné, s'écria, en
arrivant dans la place publique : « Je suis né
libre, je me suis trouvé dans vingt batailles,
j'ai tout perdu dans la guerre, ma maison a
été brûlée par l'ennemi; obligé de payer le
tribu, j'ai été forcé d'emprunter; les intérêts se
sont centuplés : pour y satisfaire, j'ai été obligé
de vendre le patrimoine de mes pères; comme
je ne pouvois m'acquitter entièrement, mon
créancier m'a emmené chez lui avec mes deux
enfans; il m'a livré à ses esclaves, qui, par
son ordre, m'ont déchiré le corps à coups de
fouets... » En achevant ces mots, il se dépouille,
et laisse voir son corps tout sillonné. La vue
de ces plaies, encore récentes, qui contras-
toient avec les nobles cicatrices des blessures
qu'il avoit reçues dans les combats, détermi-
nèrent le peuple à ne pas marcher à l'ennemi
qui menaçoit Rome. « Que nous importe,
disoit-il, que les Volsques apportent des chaînes?
Ce n'est pas pour nous, qui gémissons déjà sous
celle des patriciens; qu'ils aillent se défendre,
puisque ce sont eux seuls qui sont menacés!

Irons-nous empêcher l'ennemi de venir renverser nos prisons? » Cependant, il marche à
l'ennemi, sur la promesse que lui fit le Consul
de faire adoucir son sort, après la guerre; tant
le peuple, que l'on appelle bête féroce, a de
peine à prendre un parti violent. Quoiqu'on
lui manquât de parole, cette fois il marcha
de nouveau sur la foi de nouvelles promesses,
qui n'eurent pas plus d'effet que les premières;
ce qui le détermina enfin à se retirer sur le
Mont-Sacré. Lorsque Valérius voulut parler en
faveur de cette généreuse et infortunée multitude, on osa presque l'appeler traître; et le
féroce Appius s'écria : « Détourne, grand Jupiter, tous les maux que cette fatale condescen-
dance va causer! » Comme si les injustes priviléges de deux cents cruels pachas, plongés dans
la mollesse et la débauche, eussent été plus
chers aux Dieux que quatre cent mille habitans, dont une partie venoit de verser son sang
pour le salut de la patrie. Cette retraite coûta
de grands sacrifices aux patriciens; mais, au
lieu de devenir plus modérés, ils cherchèrent
à s'en dédommager, en accaparant le blé pour
le vendre à un prix exorbitant au peuple, qu'ils
avoient résolu, dans leur cœur, de tenir dans
la dépendance et l'humiliation. Ceci donna lieu

à la loi *Voleron*, qui passa, malgré l'opposition du jeune Appius, héritier de l'orgueil et de l'inhumanité de son père. Il se vengea de cette victoire du tribun, en traitant l'armée qu'il commandoit avec tant de rigueur, qu'elle résolut de se laisser battre par les Volsques. Appius, frémissant de rage, la ramène sur le territoire de Rome, fait couper la tête aux centurions qui avoient abandonné leurs drapeaux, et battre de verges, jusqu'à la mort, les soldats qui avoient quitté leurs rangs. Les sénateurs, toujours tyrans et avides, s'emparoient de toutes les terres conquises par le peuple, sans lui en laisser la plus légère portion : cette criante injustice fut mise dans tout son jour par Iccius Dentatus : « Citoyens, dit-il au peuple, en pleine assemblée, je me suis trouvé à cent vingt batailles, j'ai reçu quarante-cinq blessures, et jusqu'à douze en un jour; je suis officier depuis trente ans, toujours en activité; j'ai été couronné quatorze fois, par quatorze citoyens auxquels j'ai sauvé la vie; j'ai monté trois fois le premier à l'assaut; j'ai reçu huit couronnes pour d'autres exploits, trente-sept colliers, soixante bracelets, dix-huit piques, vingt-cinq harnois, dont neuf pour autant de victoires en combat particulier : cependant, je

ne possède pas un pouce de terre, non plus
que vous, Romains, qui avez partagé mes travaux : les pays que nous avons conquis sont
entre les mains des patriciens; ils possèdent ce
que nous avons acquis au prix de notre
sang... » Cette harangue n'eut pas l'effet désiré,
mais elle donna lieu à un compromis, qui fut
suivi du décemvirat : celui-ci, après avoir gouverné pendant quelque temps avec modération, finit par enfreindre ses propres lois, et
à n'en suivre d'autres que ses caprices. Deux
crimes atroces causèrent sa ruine : le premier
fut l'assassinat du brave Dentatus; le second,
la violence qu'Appius, l'ame du décemvirat,
voulut faire à Virginie, que son père poi-
gnarda dans la place publique, pour lui épargner la honte d'être l'esclave et la prostituée
de ce brutal et voluptueux tyran. Le droit de
parvenir au consulat, accordé aux plébéïens, et
l'abrogation de la loi contre les débiteurs, arrachée au sénat par une nouvelle retraite au
Mont-Sacré, sembla endormir le peuple sur sa
misère; il ne se réveilla qu'après la destruction
de Carthage, que Scipion effectua par la plus
exécrable des perfidies. Tiberius Gracchus,
irrité qu'on eût rompu la paix de Numance,
chercha à s'en venger, en voulant faire distri-

buer aux pauvres ce que les riches possédoient
de terres au dessus de cinq cents arpens que
la loi *Licinia* leur octroyoit : quoiqu'il en ac-
cordât en sus deux cent cinquante à chaque
enfant de famille, le sénat résolut sa mort ; ce
qui prouve que la plupart des sénateurs possédoient plus de sept cent cinquante arpens de
terre chacun, tandis que cinquante auroient
pu les faire aisément subsister dans l'abondance : leur avidité étoit si loin d'être satis-
faite de cette énorme concession, qu'ils récla-
mèrent effrontément la succession du roi de
Pergame, léguée au peuple romain, et firent
assassiner Tiberius, avec trois cents de ses amis,
dans une émeute. Son frère Caïus périt ensuite,
à peu près de la même manière, et pour la
même cause, avec plus de trois mille citoyens :
cependant, le consul qui avoit ordonné ce carnage, fit élever un temple à la concorde : c'est
ainsi que, dans tous les temps, les hommes ont
voulu associer la religion à leur sanglante barbarie. Vingt-trois ans après cet événement,
Saturninus vint à bout de faire passer la loi
agraire, mais il finit par être mis en pièces, au
milieu même du sénat. Ce fut le dernier effort
du peuple en faveur de ses droits : fatigué de
lutter inutilement contre des hommes puissans

et déterminés à ne rien rabattre de leurs orgueil-
leuses prétentions, il se jeta, par vengeance et
désespoir, successivement entre les bras de Marius et du sanguinaire Scylla, dont les querelles coutèrent la vie à deux cent mille Romains, tant sénateurs que chevaliers ou cliens;
et finalement dans ceux de César, qui les mit
tous sous son joug : ce dernier, moins cruel
ou plus fin, ne fit répandre d'autre sang, après
son usurpation, que celui qui fut versé à
Pharsale et à Munda. Le divin Auguste ne
fut pas si clément; car, outre les Romains tués à
Philippe, lui et ses deux collégues firent égorger
deux mille chevaliers, et trois cents sénateurs,
digne récompense de leur barbare entêtement à
refuser justice au peuple. Sous Tibère, le crime
de lèse-majesté fut, dans ses mains comme dans
celles de tous les tigres couronnés, un glaive
à deux tranchans, sous lequel tomboient, par
centaines, les victimes de ses cruels soupçons,
ou les ennemis de son favori Séjan. Pour bien
connoître ce monstre, il faut lire, dans Sué-
tone, le détail de toutes ses horreurs dans
l'île de Caprée. Pour peindre Caligula, il suffit
de dire qu'il voulut faire son cheval consul,
et qu'il exprima le désir que le peuple romain
n'eût qu'une tête pour l'exterminer d'un seul

coup. Néron mit le feu à Rome, pour se procurer le spectacle d'un bel incendie, commit
un inceste avec sa mère, la fit assassiner, et
donna ordre à Sénèque et à Lucain de mourir.
Cet ordre barbare paroissoit sans doute encore
bien doux à des hommes accoutumés à voir jeter
des esclaves aux lamproies, ou dans des fours
brûlans, pour avoir un peu trop chauffé le
lit de leur maître. Caracalla et Commode semblent s'efforcer de surpasser, en folie et en
cruautés, tous leurs prédécesseurs; enfin, l'on
peut dire que, à quatre ou cinq près, tous
les empereurs romains ne montèrent sur le
trône que comme les bourreaux montent sur
l'échafaud; avec cette différence, que ceux-ci
y montent ordinairement pour verser le sang
des coupables, et ceux-là, celui des hommes
les plus probes et les plus vertueux. Parcou-
rons maintenant les annales de quelques peuples modernes, en commençant par la France,
comme un des pays les plus fameux et les
plus civilisés.

Des Français.

Il est impossible de dire quelle fut la somme
de malheur qu'éprouva la Gaule avant la conquête des Romains; mais l'on ne peut pas

douter que le peuple souffrit beaucoup sous
ces conquérans; puisqu'il regarda comme des
libérateurs un essaim de barbares qui ne con-
noissoient d'autre droit que celui de l'épée.
L'histoire de ceux-ci n'offre pas beaucoup de
ressources; pas un mot sur l'état du peuple :
nous serons donc obligés d'en juger d'après
le caractère de ses maîtres; or, ceux-ci, outre
la fierté naturelle aux conquérans, avoient un
fond de férocité dont il est difficile maintenant de se faire une idée. Clovis I.er ne balança
pas à faire égorger cinq de ses plus proches
parens, pour s'emparer de leurs héritages :
Childebert et Clotaire, deux de ses fils, massacrèrent de leurs propres mains leurs neveux
encore enfans, dans le temps où, prosternés à
leurs pieds, ils imploroient leur pitié : Chrame,
fils du dernier, s'étant révolté contre lui, il
le poursuivit et le brûla vif avec toute sa famille dans une cabane où il s'étoit retiré. Deux
reines, Brunehaut et Frédégonde, n'auroient
jamais été connues, si elles n'avoient commis
des horreurs qui font frémir la nature. Clotaire
meurt regretté, quoiqu'il eût fait assassiner les
enfans de Thiéri, pour rester seul maître de
la monarchie. Sous la seconde race, nous
voyons Charlemagne faire dévotement couper

la tête à quatre mille Saxons, parce qu'ils ne vouloient pas recevoir le baptême, et il ne cessa de poursuivre cette malheureuse race jusqu'à ce qu'il l'eût entièrement exterminée : Louis le-Débonnaire fait crever les yeux à Bernard, fils de son frère, tandis que ses propres enfans se révoltent quatre fois contre lui, le forcent deux fois à prendre le cilice, et le font enfin mourir de chagrin. De tous ces faits, l'on peut hardiment conclure que le peuple fut très-malheureux, car il n'est pas probable que des princes si ambitieux, si avares et si cruels envers leurs plus proches parens, aient épargné les biens ou la vie de leurs sujets. Il ne faut pas s'imaginer que le silence des historiens, en pareil cas, soit une preuve que le peuple étoit heureux : il faut plutôt en conclure qu'on le regardoit, comme les Spartiates regardoient les ilotes, et les Boyards russes leurs boors, c'est-à-dire comme de vils troupeaux faits pour satisfaire les plaisirs des grands. Sous la troisième race où les monumens historiques sont plus nombreux, nous voyons la France divisée en fiefs et sous-fiefs, fils du temps ; ce qui veut dire, sans doute, que Clovis, après la conquête des Gaules, dépouilla les naturels du pays de leurs propriétés,

8

qu'il distribua à ses principaux officiers, et
ceux-ci aux subalternes; ainsi les anciens propriétaires, aux ecclésiastiques près, d'hommes
libres, devinrent serfs sur leurs propres terres.
Que tous les laboureurs et artisans, qui formoient les trois quarts et demi de la population, furent esclaves, c'est ce dont les nombreux
affranchissemens de Louis VIII, de Blanche-de-
Castille, et de Louis-le-Gros, ne permettent
pas de douter; et, si l'on peut juger de ce qu'ils
souffrirent avant leur affranchissement, par ce
qu'il souffrirent après, l'on peut dire qu'ils
furent souverainement malheureux : une ordonnance de Louis Hutin en fournit une
preuve irréfragable; elle défend, sous peine
d'infamie, de troubler le laboureur dans ses
travaux, de s'emparer de son bien, de sa personne, de ses instrumens, de ses bœufs, etc.;
cette ordonnance, toute humaine qu'elle étoit,
n'attaquoit que les abus et non les institutions
dont ils découloient naturellement; les plus
libres n'en restoient pas moins exposés aux
dégâts de la chasse, des bêtes fauves, des pigeons et des lapins, aux corvées arbitraires,
aux mauvais traitemens, au droit de cuissage
et autres redevances honteuses qui paroissent
n'avoir d'autre but que de leur rappeler leur

ancien esclavage. Un pape se plaignit un jour
à un de nos rois, que les marchands italiens
étoient inhumainement dépouillés sur les routes
par des seigneurs français qu'il ne craignoit
pas de qualifier du nom de voleurs, *latrones*.
Ces seigneurs bâtissoient des châteaux sur le
bords des rivières et des chemins les plus fré-
quentés, et le moins qu'ils faisoient ordinairement, étoit de mettre les passans à contribution. Six guerres civiles qui eurent lieu sous
cette race, quatre grands brigandages, deux
dragonnades, quinze révoltes, quatre banque-
routes publiques, huit exécutions militaires dans
l'une desquelles cent mille personnes furent
massacrées, et une proscription en masse, prouvent que le sort du peuple ne s'améliora guères
dans la suite; comme les flagorneurs des princes
attribuent toujours ces révoltes à l'esprit de sédition, il ne sera pas inutile d'en rapporter
quelques-unes, pour faire voir la fausseté de
ces assertions. Les historiens les plus sages, en
parlant de la Jacquerie, disent que les nobles
pilloient et rançonnoient les habitans des campagnes, pour soutenir leur luxe, et faire face à
leurs extravagantes dépenses; et, joignant l'insulte à l'oppression, ils les appeloient Jacques
bon homme, à cause de la facilité avec la-

quelle ils se laissoient dépouiller ; mais ces bons
hommes se fâchèrent : ennuyés d'être continuellement maltraités, sans espoir de voir le
terme de leurs maux, ils tombèrent sur les
oppresseurs avec tout ce qu'ils purent trouver,
pillèrent et brûlèrent plusieurs châteaux : mais
les autres étant revenus à la charge avec des
armes plus meurtrières, ils se vengèrent d'une
manière cruelle, et les forcèrent à endurer pa-
tiemment toutes leurs vexations et les humiliations dont ils ne cessoient de les abreuver.
Celle de Bordeaux est rapportée à peu près en
ces termes. « François I.er ayant introduit la
gabelle dans la Saintonge, l'Angoumois et le
Périgord, les habitans, indignés qu'on leur fît
payer au poids de l'or les productions de leur
sol, se révoltèrent : dès qu'ils eurent rentré dans
le devoir, le roi leur pardonna après quelque
gentillesse d'usage en pareil cas, et leur promit
d'abolir la gabelle ; mais il n'en fit rien : sous
son fils, les préposés vexèrent tellement le peuple, qu'il se révolta une seconde fois sous la
conduite d'un gentilhomme nommé Puymo-
reau : la sédition s'étant étendue jusqu'à Bordeaux, les magistrats avertirent le lieutenant
du roi, que, s'il ne prenoit pas des mesures
promptes et efficaces, la révolte pourroit de-

venir dangereuse : celui-ci trouva fort mauvais que des bourgeois osassent l'avertir de ce
qu'il avoit à faire, et voulut quelque temps
après réduire les factieux par sa seule autorité
et la force des armes; mais il fut vaincu, et
ensuite assassiné : les magistrats, étant venus à
bout, par leur adresse, de rétablir la tranquillité publique, punirent les assassins du dernier supplice, et firent connoître au roi tout
ce qui s'étoit passé, en le priant d'épargner la
multitude égarée, ce qu'il promit : mais comme
les princes ont pour principe de ne jamais
pardonner entièrement une révolte, quelles que
puissent être les causes qui l'ont provoquée ;
dès qu'il fut débarrassé de la guerre d'Italie, il
envoya contre Bordeaux, Montmorenci, dit le
Connétable : cet homme, fameux par sa sé-
vérité, pour ne pas dire plus, la dépouilla de
tous ses priviléges, exigea des contributions
énormes, fit pendre cent des principaux citoyens, força les jurats et cent vingt notables à
déterrer avec leurs ongles le cadavre du lieutenant du roi, et leur fit porter sur leurs
épaules dans la cathédrale où il fut inhumé
avec cette inscription sur son tombeau : « Cy
git Tristram de Moneins occis par les manans
de Bordeaux. » Il leur fit enlever leurs clo-

ches, leurs armes, leurs couteaux de cuisine, et
se retira en faisant pendre prévotalement, dans
les provinces, tous ceux qui avoient trempé
dans la rebellion. Ces deux exemples donnent une idée assez juste de la manière dont
les Français furent traités depuis Clovis, jusqu'à ce qu'une révolution inouie vint venger,
dans des flots de sang humain, tant d'insultes,
de cruautés et de perfidies.

Des Anglois.

L'Angleterre étant de tous les états modernes
d'Europe celui où il y a le plus de richesses
et le moins d'arbitraire, nous ne pouvons le
passer sous silence, sans encourir l'accusation
de mauvaise foi. Si les révoltes y étoient, comme
dans les autres pays, une marque certaine d'oppression, son procès ne seroit pas long; elle en
compte plus que tous les états de l'Europe ensemble. Son histoire, avant la conquête des
Normands, n'offre qu'une liste de rois barbares massacrés ou massacrans : néanmoins,
l'on y remarque Alfred, fameux par ses malheurs, ses succès, et surtout par sa justice. Ses
lumières étoient grandes dans ces siécles si
vantés sous le nom de bon vieux temps, par
cela seul, que les grands pouvoient commettre

toutes sortes de crimes impunément, et sans craindre que le souvenir en fût transmis à la postérité. Les Danois, établis dans le Northumberland, se révoltèrent sous le fils et le petit fils d'Alfred, au grand détriment des Anglois : ceux-ci, fatigués de leurs vexations, conspirèrent contre eux, et les égorgèrent sans distinction d'âge ni de sexe. Hardicanute, ayant mis la populace en fureur, par ses violences et un impôt extraordinaire, elle tua deux collecteurs; et lui, pour venger leur mort, réduisit Worcester en cendre, enveloppant ainsi, dans sa vengeance, l'innocent avec le coupable : enfin Guillaume-le-Conquérant parut et vint à bout, par son adroite politique, d'imposer silence à ces discordantes peuplades : bien loin de craindre la révolte de ses nouveaux sujets, il est fortement soupçonné de l'avoir plus d'une fois fomentée, afin de pouvoir mettre à exécution ses projets de despotisme : la première lui fournit l'occasion de faire revivre le *danegelt*, impôt excessif supprimé par Saint-Édouard, d'établir le gouvernement féodal, et de confisquer les biens de l'ancienne noblesse; la seconde et la troisème lui permirent de donner un libre cours à ses cruautés, et de régner en tyran. Sa passion pour la chasse, passion des

nobles dans tous les pays, lui fit détruire vingt-
deux paroisses, pour y faire une forêt, quoique l'Angleterre en fût déja couverte : maisons, églises, couvens, tout fut rasé sans le
plus léger dédommagement ; et la plus grande
partie des habitans périt de faim et de froid
dans les provinces voisines épuisées par ses
exactions : ce grand prince condamnoit à perdre les yeux, quiconque tuoit un lièvre dans
ses forêts, un daim ou un sanglier; et la mort
d'un cerf coûtoit la vie à celui qui le tuoit;
tandis que pour cent écus l'on pouvoit tuer
impunément un homme. Son fils hérita de ses
vertus royales ; une rebellion s'étant manifestée
en Normandie, il caressa les Anglois qui lui
fournirent des troupes pour écraser les rebelles,
après quoi il les fit servir à répandre la terreur parmi eux : une fois, il assembla une
armée de vingt mille hommes sur les côtes;
lorsqu'il fut sur le point de s'embarquer, il
exigea 12 francs de chaque soldat, et les ren-
voya chez eux. Celui qui lui succéda, quoiqu'usurpateur et auteur de quelques lois sur
la chasse, encore plus odieuses que les précédentes, fut regretté comme un bon roi : ce
qui lui avoit valu ce titre, fut la modification
du droit de *purveyance*, qui consistoit à four-

nir à la cour, chevaux, voitures et provisions,
quand le caprice ou la nécessité l'amenoient
dans les provinces : ce droit étoit exigé avec
tant de cruauté et d'indécence, que quand les
fermiers avoient connoissance de son approche,
ils se retiroient avec leurs familles dans les
bois voisins, pour se soustraire aux violences
des courtisans : le roi défendit ces excès, sous
peine de perdre un membre, mais la préro-
gative restant, le remède, dit Hume, étoit plutôt
une preuve de la férocité du gouvernement,
qu'une garantie pour l'avenir. Le règne d'É-
tienne fut une scène continuelle de violences
et de dévastations : les châteaux des nobles
étoient autant de réceptacles de brigands qui
tomboient jour et nuit à l'improviste sur les
villes et les villages, mettoient les propriétaires
à la torture, pour leur extorquer leur argent,
et les vendoient comme des esclaves, après les
avoir dépouillés ; ces violences, qui durèrent
jusqu'à la fin du long règne de Henri II,
amenèrent une famine également fatale aux
spoliateurs et aux victimes. Il n'étoit pas rare,
même à Londres, de voir des associations de
cent jeunes gens de famille dévaliser et assassiner les passans. Richard I.er tourmenta ses
sujets de toutes manières, pour se mettre en état

d'entreprendre une croisade, et pour suffire à ses scandaleuses dépenses. Jean-Sans-Terre se fit tellement abhorrer de ses sujets, que quoiqu'il leur eût accordé la grande charte, ils disposèrent de son trône en faveur d'un fils de France : cette charte prouve combien le peuple étoit opprimé auparavant; le vassal étoit responsable des dettes de son seigneur; une grande partie de la population étoit esclave; ceux qui ne l'étoient pas n'en n'étoient guères plus heureux, selon l'historien Hume, car ils payoient leurs redevances en nature, qui étoient en grande partie arbitraires, et il leur étoit bien difficile d'obtenir justice dans des tribunaux composés d'hommes qui croyoient avoir reçu, de la nature ou de Dieu, le droit d'opprimer. La grande charte, vingt fois confirmée par Henri et les trois Edouards, étoit presque totalement oubliée sous Richard II; il mit un impôt de 24 sols, sur toute personne au dessus de quinze ans : cet impôt manqua de faire crouler la fabrique du vieux système social. Des gens grossiers, et les moins capables en apparence de remonter aux principes des sociétés, commencèrent à s'apercevoir qu'étant tous nés d'un père commun, ils avoient tous un droit égal à la liberté et aux bienfaits du

Créateur, vu que les enfans doivent partager
et partagent également l'héritage de leur père,
partout où la barbarie féodale n'a pas étouffé
les sentimens de la nature et de l'équité; que
les distinctions, qui faisoient les uns esclaves, et
les autres d'insolens maîtres, étoient purement
artificielles; et tous répétoient le dicton suivant,
contenu dans deux mauvais vers : « Quand
« Adam bêchoit et qu'Eve filoit, où étoit alors
« le grand Seigneur? » Vérité triviale, mais profonde, qui doit donner à penser à bien des
gens, s'ils ne sont pas des hypocrites con-
sommés. Les choses en étoient à ce point,
lorsque deux collecteurs eurent l'imprudence
de soulever la jupe de la fille d'un forgeron,
pour s'assurer si elle avoit quinze ans : le
père, irrité de cette indécence, fend la tête à
l'un d'eux d'un coup de marteau; tous les
spectateurs applaudissent à cette action, prennent les armes pour s'opposer à la tyrannie
fiscale, et, chemin faisant, revendiquer leurs
droits. Ils s'étoient déja emparés de la Tour
de Londres; mais, leur chef ayant été tué par
le maire de cette ville, le roi se présenta devant eux avec confiance, et leur dit de le
suivre dans un champ voisin assez vaste pour
les contenir tous : arrivés là, ils demandèrent

l'abolition de l'esclavage, la liberté du commerce, à payer une rente fixe pour leurs
terres, au lieu de redevances serviles, et un
pardon général; tout cela fut aisément accordé:
après quoi ils se retirèrent paisiblement. Sur
ces entrefaites, la noblesse et ses partisans s'é-
tant réunis au nombre de quarante mille à un
petit corps de vétérans, le roi oubliant sa parole royale, et qu'il n'avoit accordé rien que
de juste, se mit à leur tête, força les malheureux à se soumettre, annula la charte, révoqua
son pardon, fit pendre beaucoup des principaux sans forme de procès, et réduisit les autres à un esclavage encore plus dur qu'auparavant. Les factions implacables de la Rose-
Blanche et de la Rose-Rouge firent de toute
l'Angleterre un théâtre sanglant de guerres civiles, d'exécutions militaires, de vengeances
atroces, depuis l'extinction des Plantagenets, jusqu'à l'élévation des Tudors : cette dernière
race fit jouir les Anglois d'une assez grande
tranquillité; mais elle leur coûta cher, car ils
perdirent tous les droits qu'ils avoient acquis
par leurs longues et pénibles luttes avec le
pouvoir exécutif. Henri VII fut cruel par
avarice; jugemens arbitraires, amendes, com-
positions, taxes odieuses, tout fut mis en œuvre

pour satisfaire son ambition : son fils enchérit
encore sur lui; il extorqua l'argent de ses sujets,
tantôt par la force, tantôt par la ruse, tantôt
sous le nom d'emprunt, par voie de garde-
noble, de bienveillance et autres moyens qu'il
inventoit selon les circonstances : comme il
ne connoissoit d'autres lois que ses caprices,
il arrivoit souvent que le même homme étoit
innocent et coupable tout-à-la fois pour la
même chose : il persécuta beaucoup de ses
sujets, parce qu'ils étoient catholiques, et ensuite parce qu'ils s'étoient faits protestans. Sa
cruauté et son incontinence sont très-bien peintes
dans le reproche qu'il se fit, en mourant, de
n'avoir jamais épargné aucun homme dans sa
colère, ni aucune femme dans ses désirs. La
foiblesse du fils causa presque autant de maux
que la cruauté du père : des ministres sanguinaires et des prêtres intéressés soufflèrent les
flammes de l'intolérance qui consumèrent des
milliers de victimes. Sa sœur Marie, dont le
fanatisme étoit toujours enflammé par un époux
espagnol, remplit l'Angleterre de buchers : sa
jalousie et le chagrin de ne point avoir d'enfans avoient encore aigri son humeur acariâtre;
elle la déchargea sur le peuple, par des vexations et des emprunts forcés, dont elle avoit si

peu soin de payer les intérêts, que la ville
d'Anvers ne voulut pas lui prêter 30,000 francs,
sans que la ville de Londres s'en rendît caution. Les Stuarts, qui étoient 200 ans en ar-
rière de la nation qu'ils gouvernoient, sem-
bloient s'être fait un besoin de tourmenter et
d'être tourmentés : l'un manqua de sauter dans
le parlement, à cause de ses tergiversations;
l'autre mourut sur l'échafaud, pour des prétentions injustes et hors de saison. Son fils, en
voulant se venger, dit-on, sur le cadavre de
Cromwel, fit pendre celui de son père : son
libertinage le porta à s'emparer de la caisse
de l'*exequer* ou échiquier : il pava le chemin
au détrônement de son frère, qui eut la sottise
de pousser à la roue par cent actes de mauvaise foi, et par son entêtement à vouloir que
ses sujets préférassent les dictées de sa conscience à celles de la leur : enfin, le meilleur
roi que les Anglois aient eu, fut l'usurpateur
du trône de son beau-père, qu'il n'eut pas
honte de chasser à main armée; ses successeurs, n'osant heurter de front les intérêts de
la nation, les ont sacrifiés indirectement à leur
patrimoine étranger : ils n'ont point violé la
constitution par des coups éclatans d'autorité
arbitraire; mais ils ont constamment mis de

leur côté la majorité de la représentation nationale, par des pensions, des présens, des
dignités, des promesses et des places; ce qui
les a mis à portée de soutenir des guerres
atroces dans toutes les parties du monde : celles
de l'Inde, dirigées par les Clive et les Hasting,
font frémir d'horreur. Une seule bataille, per-
due par les Robillas, dit un témoin oculaire,
fit de la province de Robilcunde, qui n'avoit
pas un seul coin de terre inculte, un vaste
désert, soit par les exécutions militaires, soit
en forçant les malheureux habitans à se réfu-
gier et à périr dans les solitudes de la Tartarie.
Les magistrats n'étoient ni plus justes ni plus
humains que les gouverneurs : Sir Elijah Impéy
a fait, à Benares et à Oude, des actions, et rendu
des jugemens qui auroient pu faire rougir un
sénat de Forbans; et cependant le sénat bri-
tannique n'eut pas honte de l'absoudre, ainsi
que le cruel et astucieux Hasting. Tel a été le
bonheur, tant vanté, des peuples soumis au
gouvernement anglois; et, si l'on en croit un
médecin, auteur assez célèbre de ce pays, il
meurt de misère cinq cent mille personnes tous
les ans dans son sein.

OBSERVATIONS.

Si cet aperçu de l'état des peuples les plus civilisés, les plus éclairés, les plus riches, et les plus sages du monde ancien et moderne, aux Etats-Unis près, nous offre une telle série de malheurs et de calamités, que n'auroit-on pas vu, si nous avions fait l'analyse de tous ceux qui n'ont jamais connu d'autres règles de gouvernement, que les fougueux caprices de ceux qui gouvernent en chef, ou en sous-ordre? Quel a dû être le sort des Perses, dont un des meilleurs rois sacrifioit, de gaieté de cœur, seize mille de ses plus braves sujets, pour assurer le succès d'une trahison; dont un autre prenoit plaisir à faire manger à un père les membres de son propre enfant? Quel a été celui des Grecs sous l'empire des enfans de Mahomet, où de féroces pachas, après avoir consumé les provisions d'un paysan, le forcent à leur payer une contribution pour l'usage de leurs dents? Quel dut être celui des Transilvaniens, dont le vaivode mangeoit tous les jours son dessert aux doux accens d'un homme qu'on empaloit? Quel est encore celui des peuples d'Asie et d'Afrique, et de tout le nord de l'Europe, où le nerf de bœuf, le fouet, le bâton et le knout, sont continuellement agités pour forcer quatre cent millions de créatures humaines à se sou- mettre aveuglément aux caprices de quelques satrapes, ou de leurs députés bourreaux? Si quelqu'un s'avisoit de vouloir nous reprocher d'avoir rassemblé, en un seul faisceau, tout ce que l'histoire a de plus hideux, pour rendre le tableau plus sombre, il nous seroit aisé de lui prouver que nous aurions encore pu le rembrunir davantage, sans altérer la vérité de l'histoire. Nous aurions pu montrer à nos lec- teurs les ruelles, les culs-de-sac, et les fau- bourgs des villes, dans toute leur difformité : ils auroient aperçu, dans la cabane du pauvre, quelques meubles à demi-pourris, quelques grabats couverts de salles guenilles remplies d'insectes dégoûtans, qu'engendre la mal-pro- preté, compagne inséparable de la misère : ils l'auroient vu, la moitié du temps, sans pain, et se repaissant des alimens les plus grossiers, sans autre assaisonnement qu'un peu de mau- vaise graisse ou de beurre rance : nous pou- vions leur mettre sous les yeux, dans les villes et les campagnes, des troupes de malheureux, pieds nus, les jambes gercées par la froidure, fatiguer les passans du récit de leur misère, ou demandant aux portes, d'une voix lamentable,

9

le vil pain de l'aumône : nous leur aurions
fait observer que le peu de haillons qui les couvrent est en parfaite harmonie avec leur habitation, où le vent et la pluie pénètrent de
toute part : leur démarche pesante et mal-
assurée, leur attitude courbée, leur air stupide et abattu, suffiroient seuls pour convaincre
l'homme le moins attentif du pesant fardeau
dont ils sont journellement accablés. Ne pou-
vions-nous pas conduire nos lecteurs au sein
de la brûlante Afrique, et leur montrer des
peuplades entières, tranquillement occupées à
recueillir leurs moissons, arrachées tout-à-coup
à leur patrie par des brigands européens, ou
leurs cruels agens, entassées sur des navires,
enchaînées comme des forçats, vendues comme
de vils animaux dans nos colonies, où elles con-
sument leur vie dans les durs travaux de l'esclavage, sous la surveillance d'un tyran subalterne, toujours armé de l'instrument de leur
supplice; et cela, pour enrichir des colons in-
dolens, des marchands avides, alimenter de
fatales habitudes, et procurer des jouissances
passagères à quelques familles opulentes? Nous
pouvions leur montrer, dans les prisons d'Etat,
les nombreuses victimes de la politique, de la
jalousie des ministres, de la haine des grands,

de la vengeance des favoris, exténuées de misère, rongées par la vermine, et croupissantes dans l'ordure : celles-ci tenaillées par des bourreaux, ou expirantes sur la roue; celles-là dévorées par les flammes d'une inquisition barbare et anti-chrétienne : nous pouvions encore leur montrer les temples des Dieux, la cour des rois, les palais des princes, les châteaux des seigneurs, et des parcs entiers, transformés en asile de prostitution et de débauche : nous pouvions enfin les conduire sur les traces de Cambyse, de Xerxès, d'Alexandre, de César et de Mahomet; sur celles des armées européennes, dans toutes les parties du monde, et leur faire voir des empires ravagés, des peuples au désespoir, des cités en feu, des vieillards égorgés, des femmes devenues la proie d'une soldatesque brutale, des torrens de sang humain inonder les villes prises d'assaut (1), des champs de bataille de six lieues d'étendue jonchés de cadavres, les eaux ensanglantées de l'Océan engloutir des escadres entières; et tout cela, pour posséder exclusivement une branche

---

(1) Suwarow fit égorger trente mille personnes à Ismilow, et quarante mille à Praga, vingt-quatre heures après l'assaut.

de commerce, pour venger un prétendu affront,
punir une plaisanterie, plaire à une maîtresse,
recouvrer une prostituée, ajouter une paroisse
à un empire, ou transmettre à la postérité le
nom de quelques fougueux énergumènes!... Mais
il est temps de passer à l'exposition du Système
des novateurs, dont les bases sont le travail et
la sobriété.

ESSAI

SUR

LE SYSTÈME SOCIAL.

SECONDE PARTIE.

CHAPITRE PREMIER.

Projet de Constitution.

❦

Remarques préliminaires.

Si l'on vouloit assujettir un corps rond sur
une surface plate et unie, sans en faire sauter
le moindre segment, il faudroit, pour l'empêcher de rouler à la première secousse, l'appuyer de quelques matériaux, soit bois, pierres,
sable, terre; et, encore, pour peu que la secousse fût violente et souvent répétée, il se
déplaceroit, sauteroit par dessus ses appuis, et
s'éloigneroit d'autant plus de sa première assiette, qu'il auroit eu plus de peine à sur-

monter les obstacles qui l'environnent. L'on
en peut dire autant des gouvernemens qui re-
posent sur des mauvaises bases; ne pouvant
se soutenir d'eux-mêmes, ils sont obligés d'appeler à leur secours des sultans, des pachas,
des prêtres, des fakirs, des praticiens, des
gueux, des moines, des sbires, des cosaques,
des mamelouks et des régimens de mouchards.
Les matières hétérogènes s'amalgament diffici-
lement; cependant, comme il faut faire rester
celles-ci ensemble, et même faire croire qu'elles
étoient faites exprès l'une pour l'autre, des légions de publicistes et de théologiens se sont
mis l'esprit à la torture pour empêcher ces
élémens discordans de trop grimacer; mais
leurs milliers d'in-folios n'ont pas mieux réussi
à les faire cadrer, que les savans ne réussi-
roient à faire des langues harmonieuses et régulières avec les jargons du Nord, tant qu'ils
s'astreindroient à leurs Dictionnaires, s'ils en
ont. La terreur, la superstition, les dignités,
les priviléges, l'éclat du diadème, la splendeur
des cours, l'hérédité, le droit divin, le machia-
vélisme et les autres remèdes politiques que
l'on a employés avec tant de profusion, n'ont
été que de vains palliatifs, puisqu'ils ne les
ont pas mis à l'abri des révolutions et des

contre-révolutions les plus sanglantes : cela, joint aux mœurs que nous venons de décrire, fait de la terre un séjour vraiment infernal ; et, quand on y réfléchit bien, l'on ne peut se dissimuler qu'il en sera ainsi tant que le système social actuel existera, parce que les mêmes causes doivent toujours produire les mêmes effets. Cependant la raison et la conscience, seuls flambeaux que le Créateur ait mis dans le cœur de l'homme, nous disent que le seul but légitime de toute société est de procurer, non pas à quelques individus, mais à tous ceux qui la composent, la plus grande somme de bonheur temporel possible ; le système actuel ne pouvant en aucune manière obtenir cet heureux résultat, nous avons consulté nos deux guides sur les moyens d'y arriver, et ils nous disent qu'il faut donner, à la société, pour base l'équité ; et, pour appui, les Maximes, Lois et Réglemens suivans, ou à peu près.

§. I.er

Principes généraux.

Maxime. — La morale n'est autre chose que l'utilité publique, ou, en d'autres termes, la stricte observance des lois et réglemens d'une société fondée sur l'équité.

Max. — L'univers est un ouvrage si admirable, qu'il n'a pu être fait que par une intelligence parfaite en tout.

Max. — Cette intelligence ayant mis, dans le cœur de l'homme, un désir invincible d'être heureux et de l'être toujours; celui qui observera bien la morale, doit jouir, après sa mort, d'un bonheur proportionné à ses mérites; et celui qui l'a violée, peut être puni selon ses démérites.

Max. — Le Créateur doit être le seul objet des adorations des hommes.

Max. — Toute société où les avantages et les fardeaux ne sont pas répartis le plus également possible sur tous les citoyens, est essentiellement vicieuse.

Précepte. — Nul, excepté les malades ou infirmes, ne doit donc vivre de l'industrie d'un autre, sans lui rendre travail pour travail, ou produit de son propre travail.

3 *R.* — Nul ne doit se dispenser du travail corporel, s'il n'en est dispensé par la loi.

Max. — Où il n'y a point de lésion d'autrui, il n'y a point de crime.

Max. — Nul ne doit donc être puni pour une opinion politique ou religieuse non publiée, ni pour une action qui ne fait tort qu'à lui seul, sous peine du talion, pour les particuliers, bien entendu.

3 R. — Nul ne doit empêcher un autre de dire ou de faire ce que la loi ne défend pas.

Préc. — Nul ne doit refuser de faire ce qu'elle lui ordonne, à moins que des circonstances particulières n'y mettent des obstacles invincibles, sous peine d'y être forcé, s'il y a lieu.

Max. — Nul, excepté les parens envers leurs enfans, et les tuteurs à l'égard de leurs pupilles, ne doit avoir plus de droits ni de pouvoirs qu'un autre, à moins qu'il n'en soit légalement revêtu.

Max. — Nul ne doit en être revêtu que pour le plus grand avantage de la société.

Préc. — Nul ne doit les exercer que pour la chose désignée, et pendant le temps marqué, sous les peines indiquées ci-après pour ces délits.

Nul ne doit être juge et partie.

Nul ne doit être jugé que par les juges indiqués par la loi.

Nul ne doit être condamné à une peine non indiquée par la loi, le tout sous peine de nullité pour les trois derniers articles.

Max. — Dans les cas multiples, chaque

délit porte sa peine, lorsque la plus forte n'exclut ni n'entraîne les autres.

2 *R*. — Nul ne doit que par ordre de la loi porter atteinte à la réputation de qui que ce soit.

2 *R*. — *Id*. à son honneur.

3 *R*. — *Id*. à sa liberté.

3 *R*. — *Id*. à sa propriété.

4 *Loi*. — A plus forte raison les lui ravir.

5 *L*. — *Id*. à sa vie.

6 *L*. — A plus forte raison la lui ôter.

2 *R*. — *Id*. le maltraiter en paroles.

3 *R*. — *Id*. en actions.

Max. — Tout ce qui peut enflammer la cupidité, énerver le corps, porter atteinte aux mœurs ou à la raison, doit être inconnu.

5 *L*. — Nul ne doit donc avoir ni or ni argent, excepté en instrumens de ménage ou d'agriculture, quand on ne peut se procurer d'autres matières.

5 *L*. — Nul ne doit avoir de pierres réputées précieuses.

4 *L*. — *Id*. de boissons fermentées ou alambiquées, c'est-à-dire, enivrantes.

2 *R*. — *Id*. faire usage d'autres habillemens que ceux qui sont déterminés par la loi.

1 *R*. — *Id*. alimens, *id*.

3 *R.* — *Id.* lógemens, *id.*

2 *R.* — *Id.* ameublemens, *id.*

1 *R.* — *Id.* mets quelconques, *id.*

1 *R.* — Nul ne doit rien faire d'indécent.

Id. dire.

1 *R.* — *Id.* écrire.

Id. chanter.

1 *R.* — Nul ne doit être mis indécemment.

Préc. — Toutes pensées et désirs désordon-
nés doivent être bannis de l'esprit, dès qu'on les
aperçoit.

4 *L.* — Nul ne doit séduire ou débaucher
qui que ce soit.

Max. — Tout crime est personnel.

Préc. — Nul ne doit donc le punir dans un
autre, sous peine du talion.

1 *R.* — *Id.* de le reprocher.

1 *R.* — Nul ne doit se permettre de réclamations mal fondées.

2 *R.* — *Id.* de dénonciations.

Id. de contestations.

3 *R.* — Nul ne doit avoir de relations avec
les personnes qui suivent d'autres principes
que ceux de la société, excepté ceux qui en
sont légalement chargés.

4 *L.* — Ceux-ci ne doivent user de ce droit
que pour la chose et de la manière prescrite.

4 *L.* — Nul, excepté les pères et mères, frères et sœurs, ne doit receler qui que ce soit dénoncé comme malfaiteur.

4 *L.* — Tout homme, ses parens exceptés, qui en a connoissance doit l'arrêter, s'il le peut, partout où il le rencontre.

4 *L.* — Nul ne doit s'introduire de force chez un citoyen, excepté, 1.º par l'autorisation d'une assemblée de la commune de celui-ci ; 2.º en poursuivant un homme pris en flagrant délit emportant les travaux publics ou le bannissement à perpétuité ; 3.º pour chercher quelqu'un accusé d'un crime emportant la peine capitale, et cela, *seulement* dans un rayon de deux kilomètres du domicile du poursuivant, à moins qu'il ne soit autorisé, par l'assemblée de son canton, à étendre plus loin ses recherches.

2 *R.* — *Id.* clandestinement.

1 *R.* — Chacun doit prêter secours et assistance toutes les fois qu'il y a besoin réel d'un côté, pouvoir et liberté légale de l'autre.

4 *L.* — Chacun, excepté le père et la mère, les frères et les sœurs, femme et mari, doit révéler les complots tramés contre la société.

A plus forte raison, nul ne doit la trahir,

sous une peine qui ne peut être moindre que les travaux publics à temps.

Max. — Nul ne doit rien dire de grave, sans réfléchir.

Id. faire, à plus forte raison.

Tout homme, publiquement réprimandé, est taré à temps, la longueur duquel est déterminée par la conscience des juges; mais elle ne doit pas excéder deux ans.

Max. — Nul ne doit se déterminer que par des motifs d'utilité générale, et pour celle qui, en conscience, lui paroît la plus grande.

Nul ne doit être condamné que sur le témoignage de deux personnes bien famées et âgées de vingt ans au moins.

Toute élection, jugement, arbitrage et délégation, doit être fait ou porté à la majorité des voix, en matière civile.

En matière criminelle, non emportant peine capitale, à l'unanimité moins un tiers.

En matière criminelle, emportant peine capitale, à l'unanimité moins un quart.

Toute assemblée doit être présidée par le doyen d'âge, ou, à son défaut, par le plus ancien après lui, le tout sous peine de nullité pour les cinq derniers articles.

Préc. — L'on ne doit jamais entreprendre une guerre offensive.

§. II.

Du Culte.

Le sujet du culte public sera l'office en langue vulgaire, selon le rit le moins compliqué que l'Eglise puisse permettre.

Des entretiens ou réflexions religieuses.

Des lectures et des discours sur la morale.

Id. sur les avantages d'un système social fondé sur l'équité.

Id. sur les calamités et les crimes qu'entraîneroit sa destruction.

Les ministres du culte doivent tâcher de convaincre le peuple, qu'il est aussi heureux qu'il est possible et permis de l'être en ce monde.

Id. de la futilité du prétendu bonheur des peuples corrompus.

Le culte public aura lieu tous les jours indiqués par l'Eglise, de manière cependant que le nombre n'en soit pas assez grand pour porter préjudice à la société.

L'on pourra travailler pendant l'office, dans le temps des semailles ou de la moisson, si la

saison est mauvaise, ou le cas pressant, au jugement du particulier.

Dans les autres saisons, les quatre plus proches voisins prononceront sur l'urgence; et,
s'il y a égalité de suffrages, il pourra travailler.

Préc.— Mais, en général, l'on assistera à l'office public le plus régulièrement et le plus
religieusement possible.

Les temples doivent être simples et décens.

Les ornemens et vases qui nécessitent de
grandes dépenses, ou qui sont propres à éveiller
la cupidité, ou à faire naître l'idée du faste,
doivent être strictement bannis.

Le culte particulier consiste ordinairement
en prières soir et matin, en méditations ou
élévations de l'ame, et dans l'assujettissement à
certaines pratiques réputées pieuses : ce culte
est recommandable, pourvu qu'il ne porte aucune atteinte au repos et à la santé, et que l'on
n'y consacre aucun temps utile.

§. III.

De l'Education.

Conseils.—Comme la santé est une des choses
les plus précieuses de la vie, l'on ne doit rien
négliger pour la fortifier.

Éducation physique.

Cons. — Dès qu'un enfant sera né, on le plongera dans l'eau tiède; l'on diminuera chaque jour sa chaleur, de manière qu'elle soit tout-à-fait froide au bout d'une semaine, et l'on répétera tous les jours ce procédé, tant que l'enfant se portera bien.

Cons. — On lui laissera la liberté de tous ses membres, et on l'accoutumera à se contenter de vêtemens légers, soit levé, soit couché, à dormir sur un lit dur, et à faire usage, le plus tôt possible, des alimens communs.

Cons. — L'on doit faire usage de tous les moyens imaginables pour l'accoutumer à marcher seul, dès qu'il aura acquis les forces suffisantes.

Cons. — Quand il saura marcher, on ne le portera jamais que dans les cas de grande nécessité.

Éducation spirituelle.

On ne laissera contracter à l'enfant aucune habitude qui puisse tôt ou tard être nuisible ou à charge à lui-même, ou aux autres.

Dès qu'on s'apercevra qu'il commence à avoir des volontés, l'on cessera de le caresser tendrement.

On doit le secourir, mais jamais lui obéir.

On lui donnera tout ce qu'il lui faut pour l'amuser, sans paroître s'occuper de lui.

L'on ôtera, autant que possible, de devant ses yeux, ce qu'il ne doit point avoir; et, s'il le demande, il faut le lui refuser, et le laisser crier à son aise : on ne lui donnera pas même autre chose, afin de l'accoutumer aux privations, et à se faire de bonne heure une loi de la nécessité.

Dès qu'il aura fait quelque chose d'inconvenant, on le reprendra doucement; s'il le fait une seconde fois, on le réprimandera sans colère, en lui observant qu'on le lui avoit déja défendu; la troisième fois, on le privera de quelque chose qui lui fait plaisir; et la quatrième, on le consignera dans quelque appartement.

S'il est d'un caractère doux, il suffira de l'envoyer seul dans un coin, et de ne lui parler que quand il témoignera un repentir sincère.

Quand on sera content de lui, on lui donnera des marques d'amitié et d'approbation, tout en lui faisant sentir qu'il n'a fait que son devoir.

Il arrive souvent que, par une tendresse fausse ou déplacée, l'un des parens contrarie

10

l'autre, lorsqu'il veut corriger l'enfant de quelque défaut : cette conduite est très-pernicieuse pour lui et pour eux, ainsi que les reproches que l'on se fait, les disputes aigres, et les propos libres qu'on se permet en sa présence.

L'on évitera donc tout cela le plus soigneusement possible.

Lorsque l'enfant aura atteint l'âge de raison, les parens s'appliqueront à étudier ses inclinations, pour les diriger au bien.

Ils profiteront de toutes ses bévues, et de ses faux raisonnemens, pour lui rectifier, ou former le jugement.

Ils lui enseigneront de bonne heure à ne rien dire ou faire qui puisse blesser la délicatesse de qui que ce soit.

Ils lui enseigneront à lire et à écrire, l'arithmétique, les principes de leur langue, et un peu de géographie : ensuite, ils lui mettront dans les mains quelques bons livres, tels que ceux qui traiteront des avantages de la société, l'abrégé de l'histoire de quelque peuple gouverné par un ou plusieurs tyrans, et surtout la constitution de leur pays.

Ils auront soin de lui faire rendre compte de ses lectures, et de lui expliquer, le plus clairement possible, ce qu'il n'entend pas, ou à quoi il donnera une fausse interprétation.

2 *R.* — Ils lui enseigneront l'art, ou les arts, qu'ils professent, pour leur propre avantage et celui de la société, et cela dès que ses forces le lui permettront.

§. IV.

Des Moyens de Subsistance.

Max. — Presque tous les moyens d'existence viennent de la terre.

Max. — Une société est d'autant plus parfaite, qu'elle procure constamment, à terrain égal, une bonne nourriture et un bon entretien à un plus grand nombre d'individus.

De ces deux maximes découlent les conséquences suivantes :

1.° Qu'il faut s'assurer, autant que possible, de l'étendue du terrain productif, qui est à la disposition de la société.

Pour atteindre ce but, le plus sûr moyen seroit de l'arpenter; mais, comme il est très-lent, et souvent impraticable, l'on y peut suppléer par une déduction du quart de la totalité de l'étendue donnée pour les terres de non valeur, telles que les chemins, les marais, les montagnes impraticables, les landes et les sables arides, les cours, l'emplacement des maisons, et le lit des rivières.

2.º Qu'il faut trouver le terme moyen de fertilité de toute l'étendue productive, pour s'assurer de ce qu'elle peut rapporter; ce qui se fera aisément de la manière suivante :

S'il est question d'un pays tel que la France; sachant que, parmi le terrain cultivable qui s'y trouve, il y en a qui produit, année commune, trente-un hectolitres de froment à l'hectare, et le pire, la valeur de sept : le terme moyen est donc dix-neuf; c'est-à-dire, qu'il y en a autant qui produit plus, qu'il y en a qui produit moins; mais nous réduirons le terme moyen à treize, pour ne pas tomber dans une fatale erreur; ce qui arriveroit, si, malgré la défalcation du quart, la quantité qui est au dessous du centre de l'échelle de fertilité surpassoit celle qui est au dessus. Après cette opération, il suffit, pour trouver ce que la France peut produire au pis aller, de multiplier par treize le nombre d'hectares productifs qu'elle contient.

3.º Qu'il faut distribuer le terrain de manière à ce qu'il y en ait le moins possible de perdu en chemins et en fermeture.

Pour cet effet, il faut le diviser en carrés de

deux kilomètres de long et autant de large,
excepté dans les pays d'une grande fertilité,
ou dont le climat exige moins de nourriture
et de vêtemens; alors, les carrés doivent être
proportionnés à la grandeur des cultures qui,
dans aucun cas, ne doivent avoir moins de
deux ares et demi de largeur.

Ces carrés doivent être partagés en deux parties, par une ligne droite parallèle à deux côtés;
le tout autant que possible.

Ces demi-carrés doivent être subdivisés en
cultures ou portions, toutes parallèles les unes
aux autres, et aux petits côtés du parallélo-
gramme.

Les cours et bâtimens qui leur appartiennent, doivent être à la limite extérieure, à
moins qu'il soit impossible de rendre l'emplacement salubre.

Ces cours et bâtimens ne doivent occuper
que le terrain strictement nécessaire.

Les chemins ne doivent avoir que la largeur nécessaire, c'est-à-dire, environ trois
mètres.

Ils doivent toujours être droits et parallèles,
sauf les obstacles invincibles, tels que les
fleuves, les coteaux trop rapides, les marais
impraticables, les montagnes escarpées, et, dans

ces cas, retourner à la ligne droite le plus tôt possible.

Les cultures doivent avoir pour limites des bornes seulement, excepté dans les terrains aqueux ou mauvais, dans les pays froids, et sur les frontières.

4.° Qu'il ne doit y avoir aucun terrain productif employé à des bâtisses de luxe, ou à la culture des choses qui ne sont pas de première nécessité, ni en places, promenades, avenues, gazons, parterres, étangs, terrasses, canaux, bosquets, fortifications.

5.° Que le sol doit être fertilisé autant que possible; ce qui peut se faire, en seignant les rivières pour l'arroser, quand il est trop sec; en le desséchant, par des canaux, quand il est aqueux, et en conduisant directement les eaux vers leur débouché; en l'élevant, lorsqu'il est trop bas; en le remuant beaucoup, s'il est pesant, peu s'il est léger; en mettant les engrais les plus chauds sur le premier, les terreaux et les boues sur le dernier en le nettoyant bien de plantes parasites; en répandant dessus, les cendres, lessives, urines, et surtout les matières animales, telles que les carcasses d'animaux immondes; en parquant les moutons, avec des claies, dans un endroit, jusqu'à ce qu'il soit dépouillé, et puis dans un autre, et les laissant coucher dehors autant que possible; en nourrissant le gros bétail, même en été, dans les étables, et mettant sous lui, pour recevoir ses excrémens, sable, terre, paille, herbages, en un mot, tout ce qui peut faire de l'engrais; en les fichant, quand on ne peut les nourrir à l'étable : ce qui a le double avantage de bonifier mieux là terre, et d'épargner la pâture.

6.° Qu'il faut suivre un bon cours de moissons. Le suivant est peut-être le meilleur, du moins entre les 45.° et 55.° degrés de latitude nord. Supposons la terre en friche : l'on y fera d'abord des pommes de terre ou du blé sarrasin : dans certains terroirs, du lin, du chanvre ou des navets. L'année suivante, du froment ou du seigle; ensuite de l'orge; après l'orge, de l'avoine; après celle-ci, des pois, de la vesce ou du lin; ensuite du froment ou du seigle; puis de l'orge ou de l'avoine; et, enfin, pour purger la terre de mauvaises herbes, l'on fait soit du sarrasin, des pommes de terre ou des navets, pour nourrir les vaches et les moutons l'hiver; ensuite du froment ou du seigle, de l'orge dans laquelle on sème soit du trèfle, du sainfoin, du *regrass*, ou autre chose semblable, pour reposer la terre, et l'on recommence par du froment un ou deux ans après, selon la nature du terrain.

7.° Que l'on doit empêcher le terrain d'être envahi ou dévasté par les eaux de la mer et les débordemens des fleuves; soit par de fortes digues, soit par des murs ou glacis; soit en creusant le lit des rivières, etc.

8.° Qu'il faut observer la plus stricte économie, de manière, cependant, que tous les besoins raisonnables soient satisfaits.

2 R.—Pour cela, il ne faut entretenir aucun animal inutile ni d'une utilité médiocre.

3 R. — A plus forte raison, de luxe.

Il faut, de plus, connoître la manière de vivre la plus économique, tant pour le mode que pour la qualité des alimens. Les repas publics sont certainement les moins dipendieux, soit pour le temps, le bois et les comestibles : ce mode, pratiqué à Sparte, par des citoyens assemblés dans une seule ville où tout leur étoit apporté par des esclaves qui labouroient leur terre, est impraticable, même par tribu, chez un peuple agricole, à peu près également disséminé sur toute l'étendue de son territoire. La manière de vivre en famille nous paroît la meilleure, mais est-ce en famille nombreuse, moyenne ou petite? La famille de quinze personnes sembleroit, d'après les avantages des repas en commun, mériter la préférence ; mais, comme il est nécessaire d'accorder à ces grandes familles de très-grandes cultures, pour les maintenir dans une honnête et perpétuelle abondance, lorsqu'elles se trouveroient réduites à cinq ou même à deux individus, ils seroient forcés d'en laisser la plus grande partie en friche ; les plus petites auroient l'inconvénient de trop morceler le terrain, de trop multiplier les logemens, de causer un trop grand dégât de provisions, et cent autres choses qui doivent le faire rejeter. Les moyennes étant celles qui entraînent le moins d'inconvéniens, et réunissent le plus d'avantages, doivent donc être préférés ; ainsi, la société doit être divisée en familles de six individus ordinairement, et de sept ou huit au plus, y compris les petits enfans.

2 *R.* — La nourriture doit consister en bon pain de ménage, légumes, racines, végétaux, lait, beurre, fromage, poisson, huile, fruit et toute espèce de viande, mais d'une seule espèce à la fois, et bouillie ou rotie seulement.

2 *R.* — En toute espèce de liquide sain non fermenté, distillé ou alambiqué.

3 *R.* — Les pâtisseries fines doivent être strictement défendues.

2 *R.* — *Id.* toute espèce d'épiceries, excepté dans les climats où l'expérience a prouvé qu'elles sont nécessaires à la santé.

1 *R.* — L'on doit faire, du sel même, l'usage le plus modéré possible.

9.° Que chaque famille doit posséder un terrain capable de la maintenir comme il a été dit; c'est-à-dire que, bien cultivé, il produise soixante-dix-huit hectolitres de froment ou valeur égale année commune, sauf les exceptions de climat.

4 *L.* — 10.° Qu'elle n'en ait pas davantage.

11.° Qu'il doit y avoir, dans chaque commune, un grenier public, pour déposer le surplus de la consommation, afin de pouvoir faire face à tous les besoins publics, soit permanens, soit accidentels.

3 *R.* — Par conséquent, chacun doit y porter tous les ans une certaine portion des grains et autres provisions qui lui restent trois mois après la récolte, laquelle portion nous fixerons aux six septièmes.

2 *R.* — 12.° Qu'il faut faire tous les ans une certaine quantité d'une des espèces de productions qui rapportent davantage, et qui sont moins sujettes à manquer, telles que les pommes de terre en Europe.

13.° Enfin, qu'il faut prendre toutes les pré-
cautions convenables, pour conserver toutes
les matières nutritives le plus longtemps possible, tels que la réduction des grains en farine, sa préparation à l'emmagasinement, etc.

§. V.

Des Vêtemens.

En général, l'on ne mettra d'autres vêtemens
que ceux que la décence et la température
exigeront.

Les vêtemens de toute espèce doivent être
faits, autant que possible, des matières qui
croissent dans le pays.

L'on ne doit point faire usage de ceux dont
la préparation est dispendieuse, à moins que
le pays ne fournisse pas d'autres matières.

Les enfans mâles iront pieds nus, autant que
possible, jusqu'à ce qu'ils soient obligés de
travailler à des ouvrages où la chaussure est
indispensable.

Les filles, jusqu'à l'âge de huit ou dix ans.

Hommes, femmes et enfans auront la tête nue,
dès qu'ils seront à l'abri de la pluie ou du
soleil, sauf le cas d'infirmité.

La chemise paroît indipensable pour les deux

sexes, tant à cause de la décence que de la propreté.

Habillement d'Homme.

Le plus commode pour agir, et le moins dispendieux, est le gilet ou carmagnole, le pantalon demi-colant, et le chapeau rond.

3 R. — Cet habillement sera donc le seul admis; les jours ouvrables, on pourra y ajouter une camisole de toile dans les temps pluvieux, ou quand on fera des ouvrages sales.

Les jours de repos, les vêtemens seront seulement plus propres ou plus neufs que les jours ouvrables.

3 R. — L'habillement des femmes sera une robe ouverte de la poitrine en haut, et fermée par des boutons et une petite ceinture de la même étoffe que la robe.

2 R. — La coiffure sera un mouchoir au plus.

Les jours de repos, l'habillement des femmes pourra être d'une étoffe plus fine que les jours ouvrables.

La robe doit avoir peu d'ornemens, et de la même étoffe qu'elle.

Tout habillement, excepté le chapeau et la

chaussure, doit être de la couleur naturelle des matières premières.

Si l'on juge à propos d'y ajouter une teinture, elle doit être nécessairement tirée d'une substance qui croît dans le pays, sans préjudice de la culture des choses de première nécessité.

La chaussure, pour les deux sexes, doit être de la forme jugée la plus commode, et uniforme pour chacun.

Les vieillards et infirmes pourront avoir des habits plus longs et plus chauds que les autres.

Les hommes porteront les cheveux très-courts, et les femmes à volonté.

Mais ces dernières ne pourront faire usage d'ornemens de tête, que de choses communes, ou qu'elles pourront faire elles-mêmes, sans perte de temps utile.

§. VI.

Du Logement.

3 R. — Le logement de chaque famille consistera en une maison de dix mètres de long, de six de large et huit de haut, le tout au plus.

D'un côté, il y aura une cuisine, un garde-manger, une laiterie; de l'autre, une salle et un escalier au milieu.

Le premier étage sera divisé en quatre pièces, et le second servira de grenier.

3 *R.* — Il ne doit y avoir qu'une fenêtre à chaque pièce.

3 *R.* — Il ne doit y avoir dans la maison d'autres ameublemens que ce qui est stricte-ment nécessaire, sans nuire à la commodité.

Les murs, portes, fenêtres et planchers seront faits, autant que possible, des matières qui se trouvent dans les environs.

Les autres bâtimens consisteront en une grange, des étables, un hangar, le tout stric-tement proportionné aux besoins de la culture.

Si le colon n'est qu'artisan, il n'aura qu'une maison, un atelier, s'il est nécessaire, et un bucher, le tout placé devant son jardin, sauf les circonstances particulières.

§. VII.

Propriété.

Toute famille, non exceptée par les régle-mens de la société, doit être mise en possession d'une culture.

Cette culture peut être échangée contre une autre, du consentement de la femme, et jamais aliénée sous quelque prétexte que ce soit.

Le chef mâle de la famille en a la direction, et, à sa mort l'usufruit passe aux personnes non pourvues de la même famille, et au premier marié des garçons qui en a la direction de droit.

S'il n'y a pas d'enfans mâles, le mari de la première mariée des filles succède aux droits de son beau-père.

Si le chef de la famille meurt avant qu'aucun des enfans mâles soit capable de diriger la culture, ce dont trois des plus proches parens, les deux plus proches voisins et trois autres pères de famille, au choix du doyen d'âge de la commune, seront juges, la direction sera dévolue à la veuve qui aura pour conseil le plus proche parent et un des voisins à son choix, jusqu'à ce que l'aîné des fils ait vingt ans révolus, ou qu'une des filles soit mariée, s'il n'y a pas de garçons.

Si les enfans restoient orphelins, jugés en bas âge comme ci-dessus, par l'effet de la mort naturelle ou violente, non infamante du père et de la mère, le plus proche parent non marié et sans enfans naturels ou adoptifs, ou, à son défaut, le plus proche voisin iroit avec sa femme le plus tôt possible demeurer chez les pupilles, et sa culture resteroit disponible avec tout le meuble vif, les trois quarts des grains, des provisions et tous les instrumens du labourage; mais il auroit la liberté de changer en tout ou en partie son bétail et ses instrumens contre ceux de ses pupilles.

Si les enfans restoient orphelins en bas âge par l'effet de la mort civile ou violente, infamante de leurs parens, ils seroient conduits le plus tôt possible chez leur père putatif comme ci-dessus; et celui-ci pourroit enlever, de la culture abandonnée, le quart des fourrages, changer ou enlever tous les grains, excepté la portion nécessaire aux semailles, si elles ne sont pas faites, toutes les provisions, la moitié du meuble vif, les porcs, les volailles et tous les meubles morts, excepté les instrumens du labourage qu'il pourroit seulement changer en tout ou en partie contre les siens.

Si les grains, qu'il pourroit enlever à l'époque de la translation, n'étoient pas suffisans pour nourrir les pupilles pendant une année, à compter d'un mois après le décès des parens naturels, il pourroit en réclamer le complément sur la moisson suivante, à condition qu'il

la feroit ou feroit faire au prorata de sa ré-
clamation.

3 R. — En attendant qu'on eût trouvé un
père et une mère putatifs, les plus proches
voisins se partageroient les enfans, les éleve-
roient, nourriroient et entretiendroient comme
les leurs, moyennant une indemnité d'un demi-
hectolitre ou valeur égale par tête, pour chaque
mois.

3 R. — Ils s'entendroient ensemble et se
réuniroient pour prendre soin des animaux, et
faire valoir la culture en cas de besoin, jusqu'à ce qu'on eût trouvé des parens putatifs
auxquels seroient remis les pupilles et tout ce
qu'ils n'auroient pas usé ou consumé.

3 R. — S'il ne se trouvoit point de père
putatif, les parens ou voisins continueroient
la tutelle, feroient valoir la culture en commun,
et s'en partageroient les produits jusqu'à l'é-
mancipation; mais alors tous les tuteurs seroient obligés de remettre aux enfans tous
les meubles, linges et vêtemens à leur usage;
les instrumens du labourage, les ustensiles
de ménage et tous les meubles morts ou vifs
et qu'ils auroient détruits et distraits; de plus,
des grains de fourrage suffisamment pour eux
et leurs bestiaux jusqu'à un mois après la moisson.

11

Quand un chef de culture se trouveroit être
incapable de la diriger, ou qu'il maltraiteroit
inhumainement quelqu'un de la famille ou un
pupille, un des membres, ou trois des parens, ou cinq des autres citoyens, pourroient provoquer sa destitution, en le dénon-
çant à qui de droit.

§. VIII.

Propreté et Salubrité.

On se lavera le visage, les mains et la bouche,
au moins une fois par jour.

Les pieds et la tête, au moins quatre fois
par an : l'on se baignera au moins quatre fois
chaque été, lorsque le local et la santé le permettront.

L'on changera de linge sur soi, au moins
une fois par semaine, de bas *idem*, de draps
au moins une fois par mois; et, en général, l'on
tiendra ses habits aussi propres que possible.

Les appartemens occupés seront balayés au
moins une fois par jour, et les vases nettoyés
toutes les fois qu'ils auront servi.

Les chambres à coucher auront une che-
minée, ou un soupirail, afin que l'air ne s'y
concentre pas trop.

Les fenêtres en seront ouvertes au moins trois heures par jour l'été, et une en hiver, lorsque le temps le permettra.

1 *R.* L'on aura soin d'épuiser les mares qui se trouveront auprès des maisons, avant que l'eau commence à se corrompre.

1 *R.* — Chacun desséchera les marais malsains qui se trouveront sur son terrain, et les deux plus voisins de chaque côté seront invités à venir à son secours.

2 *R.* — Quand il y aura des maladies épidémiques, l'on fera, tous les matins, des fumigations avec les matières qui acquièrent une odeur forte par la combustion, telles que la raisine, la corne, le vieux cuir, le goudron, certaines herbes, etc.

§. IX.

Des Arts nécessaires.

Outre l'agriculture, il y a des arts indispensables; tels sont ceux du maçon, du charpentier, du forgeron, du cordonnier, etc.

L'on en proportionnera le nombre aux besoins de la société, et l'on distribuera ceux qui les exercent sur le front des carrés, de la manière la plus commode pour eux et pour le public : mais ici s'élève une grande difficulté, c'est de savoir lequel est le plus avantageux de joindre une profession particulière à celle de l'agriculture, ou de diviser l'ouvrage, de manière que le laboureur ne soit que laboureur, et l'artisan qu'artisan : le premier mode est le plus sûr, en ce que la famille peut tirer ses moyens d'existence de son propre fond; mais le second a l'avantage inappréciable de former des ouvriers plus habiles en chaque genre, de moins diviser le temps et l'attention, et d'exiger moins de laboratoires et d'instrumens. Nous laissons à la société le soin d'examiner lequel des deux modes est préférable.

Si elle se décidoit pour le dernier, elle seroit obligée d'accumuler, dans ses greniers d'abondance, assez de provisions pour être à même de distribuer, à chaque famille d'artisans, de quoi la faire subsister aussi à son aise que celle du laboureur; ce qui seroit, dans les années ordinaires, selon nous, neuf ou dix hectolitres de froment par an, ou valeur égale pour chaque individu au dessus de quinze ans, et de six à trois, au dessous de cet âge.

Dans le cas où la société se décideroit pour

lé premier parti, le chef de la famille seroit obligé de se transporter où besoin seroit, si la profession n'étoit pas sédentaire.

§. X.

Règlemens divers.

3 R. — Il ne doit y avoir qu'une bête de somme dans les cultures au dessous de huit hectares, pas plus de deux dans celles de huit à douze, et trois au plus dans célles au dessus.

Toutes les fois que les bêtes de somme allouées ne suffiront pas, l'on se servira de bœufs et autres animaux de semblable utilité, autant que faire se pourra.

Dans les cultures au dessus de huit hectares, l'on réduira même, autant que possible, le nombre des chevaux ou mulets au *minimum*.

Dans les grandes cultures, l'on élevera une assez grande quantité de moutons, dont l'on échangera la laine et la chair contre d'autres denrées nécessaires que ces cultures ne produisent point, ou qu'elles produisent en petite quantité, en mauvaise qualité, ou à trop grands frais.

2 R. — Dans les cultures favorables aux cé-

réales, l'on ne nourrira d'animaux que ce qu'il
en faut strictement pour l'exploitation, excepté
une ou deux vaches et des volailles.

2 R. — L'on ne donnera à ces dernières que
les grains de rebut.

L'on aura soin d'entretenir la quantité nécessaire de mâles propres à la reproduction
des races, soit dans un endroit commun, soit
chez des particuliers qui, en ce dernier cas,
seront dédommagés par la communauté.

Des Limites des Cultures.

Les murs, haies, fossés ou bornes, qui seront
à tel ou tel rumb de vent, appartiendront exclusivement à telle ou telle culture, et leur
confection et entretien seront à la charge du
propriétaire.

Dans les cultures qui n'auront que des bornes
pour limites, le propriétaire pourra planter,
de trois ares en trois ares, un arbre de haute
futaie.

Ces arbres n'auront d'autres branches qu'un
bouquet à leur couronnement, lequel ne doit
pas s'étendre à plus de trois mètres du tronc
du côté du propriétaire, et à plus de deux
du côté du voisin; sans quoi, il pourra les

couper à son profit, quand bon lui semblera, à un pouce du tronc.

Si le bois de chauffage étoit rare dans le pays, le propriétaire pourroit planter une rangée de jonc marin, de genet, ou autre chose semblable, entre les arbres, à quatre pouces en dedans de l'endroit où sa culture se termine.

Il ne doit pas la laisser s'élever à plus de quatre pieds, ni s'étendre à plus de quatre pouces du pied vers le voisin, sans quoi celui-ci pourra le réduire à cette hauteur et à cette étendue, à peu de chose près; le tout à son profit.

Si la disette du chauffage étoit grande dans le pays, chacun pourroit couper sa culture par une, deux ou trois haies de jonc marin, ou autre chose semblable.

La limite de l'extrémité intérieure de chaque culture peut toujours avoir une double haie semblable, et chaque propriétaire coupe, à son profit, celle qui est de son côté.

Des Instrumens d'Agriculture.

Dans les petites cultures, il ne doit y avoir qu'une charrue et une herse pour trois ou quatre familles, et ces familles réunissent leurs animaux pour labourer.

Quand elles ne pourront s'entendre sur la

priorité de l'occupation de ces instrumens et
animaux, le sort doit décider.

Le charrois de l'engrais du blé en gerbes,
et du foin en bottes, doit se faire à dos de cheval dans les petites cultures, ou sur des voitures longues et étroites qui pourront être
tirées avec leur charge par un animal, ou trois
au plus.

Dans les mauvais terrains, les cultures étant
naturellement grandes, le cultivateur pourra
avoir un assortiment d'instrumens et un atte-
lage à lui seul.

Du Chauffage.

Tous les coteaux productifs que l'on ne pourra
labourer seront plantés en bois de chauffage
jugé le plus avantageux, et mêlé de quelques
arbres de haute futaie propres à la bâtisse.

Le bois de chauffage sera distribué de la
manière suivante entre les familles, après la
coupe qui doit se faire en commun :

Les familles les plus nombreuses n'en auront pas plus que si elles n'étoient composées
que de six personnes; celles de cinq, la part
de quatre; et celles de trois et de deux, la part
de trois.

Pour l'épargne du bois, il n'y aura qu'une

boulangerie sur douze feux, dans les petites cultures; neuf dans les moyennes, et huit dans les grandes.

La boulangerie sera située à une certaine distance des maisons.

Lorsqu'il y aura concurrence pour l'heure de l'occupation, le moins pressé doit céder.

S'il y a égalité, ou que l'on ne puisse tomber d'accord, le sort doit décider.

Des Moulins.

Il y aura, le plus strictement possible, la quantité nécessaire de moulins, soit à eau, soit à vent, pour les besoins de la société.

Les familles occupées à les faire valoir ne seront composées chacune de plus de quatre individus au dessus de quinze ans, dont deux mâles au moins.

3 R.—Elles ne pourront avoir d'autres animaux qu'un nombre déterminé de volailles et de bêtes de somme, pour aller chercher le grain et porter la farine.

Elles recevront, des greniers publics, ce qu'il leur faudra pour leur nourriture et leur entretien.

Elles n'auront qu'un jardin et un pré dont la grandeur sera déterminée par les habitans de la commune, selon la nature du terrain et leurs besoins.

4 L. — Elles ne prendront aucune espèce de mouture.

Des Corvées publiques.

Tous les hommes capables de travailler, sauf les personnes journellement occupées pour la société, doivent être sujets aux corvées.

Dans celles qui exigent des animaux, tous ceux qui sont propres au travail en question peuvent être mis en réquisition.

Les corvées doivent se faire à tour de rôle, suivant le gissement de chaque rue ou carré; et, pour éviter toute injustice, dès qu'une corvée aura été faite, les noms de ceux qui en auront fait partie seront, à leur réquisition, publiés à l'église, le dimanche suivant, par un ministre du culte.

Des Échanges.

Les échanges se feront, de gré à gré, chez les particuliers; ou, si la société le juge à propos, dans des marchés publics, à certains jours fixes.

L'on présentera, dans ces marchés, des échantillons des choses qui en sont susceptibles, et dont on veut disposer.

Le litre du meilleur grain que le pays fournira, servira de base pour l'estimation des matières.

Si l'on ne juge pas à propos d'établir des marchés, celui qui aura quelque chose à changer contre une autre, l'affichera à l'église, dans une ou plusieurs communes.

§. XI.

Règlemens sur la Population.

Comme un des principaux et des plus légitimes buts de la société est de porter et de maintenir la population au niveau des moyens de subsistance, les familles qui n'auront pas l'espoir d'avoir des enfans, doivent en adopter au moins deux tirés de celles où il y en a le plus.

Quand il n'y aura point de familles sans enfans, l'on demandera de bonne heure une nouvelle culture, que l'on préparera pour le premier marié des garçons qui, dans ce cas, perdra toute espèce de droit à celle de la famille dans laquelle il est né.

Lorsqu'un père n'aura que des filles trop

jeunes pour être mariées, il fera un échange avec quelqu'un qui n'aura que des garçons.

Tant qu'il y aura du terrain en abondance, les garçons pourront se marier à vingt ans, et les filles à quinze ans.

Tout mariage contracté avant cet âge sera frappé de nullité, sauf les exceptions indiquées par la loi.

Sous la Zône Torride, et dans les pays nouvellement colonisés, le mariage pourra être avancé de deux ans, sous l'autorisation formelle des pères et mères, ou d'un des plus proches parens de chacune des parties.

Lorsqu'il n'y aura plus que très-peu de cultures disponibles, le mariage sera retardé jusqu'à vingt-quatre ans pour les garçons, vingt pour les filles; vingt et quinze dans la Zône Torride.

Lorsque la population sera à son comble, nul couple ne doit avoir plus de trois enfans vivans, sous peine d'évacuer le pays, quand l'aîné des garçons aura atteint l'âge de vingt-quatre ans, ou que l'une des filles sera mariée, à moins que l'on ne puisse aisément former de nouvelles colonies en pays étranger.

Dans ce cas, l'on prendroit, dans les familles les plus nombreuses en jeunes gens, les plus propres à la colonisation, c'est-à-dire, les aînés.

Quand il y aura égalité de nombre, l'on tirera au sort.

Du moment où il n'y aura plus de cultures à distribuer, les veufs et les veuves ne se remarieront qu'à des personnes hors d'âge d'avoir des enfans, à moins qu'ils ne soient arrivés eux-mêmes à cet âge.

Dans aucun cas, les personnes atteintes de maladies de famille, telles que l'épilepsie, la consomption, la folie, etc., ne doivent avoir d'enfans, sous peine d'évacuer le pays.

Tout homme non marié qui aura fait un enfant à une fille sera taré jusqu'à ce qu'il l'ait épousée.

5 L. — Il ne pourra en épouser d'autres.

La fille ne pourra épouser que son séducteur.

Celui-là sera réputé auteur de la grossesse d'une fille, s'il est prouvé, par trois personnes au dessus de vingt ans, qu'il l'a hantée; et si la grossesse paroît depuis le trentième jour, où il aura commencé de la hanter jusqu'au quarantième, après qu'il aura cessé.

Quand le séducteur sera un homme marié, la

fille ne pourra épouser qui que ce soit, et l'homme sera taré à perpétuité.

Le tout sans préjudice des peines attachées à chaque délit.

§. XII.

Du Commerce avec les Étrangers.

Le commerce avec les étrangers ne doit se faire que dans les ports de mer, et sur les frontières de la société.

L'on y échangera les productions du sol contre les seules matières reconnues de première nécessité.

S'ils en ont d'autres, ils en feront la déclaration, et justifieront, par des papiers en bon ordre, des motifs qui les leur ont fait apporter.

Ils n'en mettront aucune sur le territoire de la société, sous peine de les voir détruire, et l'interdiction du commerce à perpétuité.

Les étrangers ne boiront, ne mangeront, ni ne logeront sur le territoire de la société, s'ils ne sont dans l'impossibilité manifeste de faire autrement, sous peine d'interdiction à temps.

Ils ne parleront à personne, excepté à l'agent du commerce, et ne feront usage, devant les citoyens, de rien de ce qui est prohibé, sous peine d'expulsion et d'interdiction.

Nul ne doit parler,

Id. contracter,

Id. correspondre avec ces étrangers, excepté les agens.

3 *R.* Ces agens eux-mêmes ne s'entretiendront avec eux d'aucune autre affaire que de celles dont ils sont chargés.

3 *R.* — *Id.* ne mangeront ni ne boiront avec eux.

4 *L.* — *Id.* ne recevront aucun présent de leur part.

4 *L.* — *Id.* de qui que ce soit.

§. XIII.

Des Établissemens publics.

Il ne doit y avoir qu'une seule église pour quatre carrés, laquelle sera placée entre les quatre angles contigus de ces carrés, ou sur l'angle du carré le moins fertile.

Il y aura un grenier d'abondance placé dans le terrain le moins fertile d'un des carrés, mais sur le bord du chemin, autant que possible.

Il y aura autour, ou auprès de ce grenier, une enceinte assez grande pour servir de

cimetière, si le terrain sur lequel l'église est bâtie
est très-fertile.

Il y aura une prison par canton, dans un
des endroits les plus stériles d'un des carrés
du centre.

Il y aura une poudrière de quinze en quinze
myriamètres, plus ou moins, selon les circonstances.

Enfin, des magasins sur les côtes et frontières, pour recevoir les productions destinées
à être échangées contre des marchandises étrangères, et recevoir celles-ci.

§. XIV.

Des Hommes publics.

Il y a trois espèces d'hommes publics : 1.° les
ambassadeurs, et les défenseurs de tout grade,
en activité.

La société doit accorder aux premiers le
salaire convenable pour pouvoir se loger, s'ha-
biller, se nourrir, comme les bourgeois de la
classe moyenne du lieu de leur résidence.

Ils ne pourront avoir ni chevaux, ni voi-
ture, ni livrée, ni domestiques, ni aucune
marque distinctive, qu'une robe et une toque,

même en pays étranger. Ils ne voyageront dans ces pays que dans les voitures publiques.

Les défenseurs seront entretenus comme les autres citoyens, à la seule différence de quel-ques marques distinctives des grades, pendant leur activité légale.

Dès qu'elle cessera, les ambassadeurs et les défenseurs déposeront leur costume, et rentre-ront dans la classe des citoyens.

2.º Les ministres du culte, les personnes chargées des relations commerciales, et autres agens indispensables dans les communes, les cantons, et la société en général.

Ces agens et ministres doivent être pris, de préférence, parmi les infirmes ; et, à leur dé-faut, parmi les moins capables de supporter les fatigues des exercices corporels.

Le nombre salarié des ministres ne doit pas être plus d'un par sept cents ames, et leurs attributions autres : .

1.º Que d'inspecter, tous les quatre mois, les progrès des enfans dans les choses que leurs parens doivent leur enseigner :

2.º Que publier les choses dont la loi ou la communauté les chargent :

3.º 2 R. — D'instruire les enfans dans la re-ligion, et d'en remplir les autres fonctions.

12

3 R.—Conformément aux règles établies par la société.

Leur salaire, ainsi que celui des agens, ne doit pas excéder le neuvième du revenu d'une culture.

3.º Les hommes employés aux travaux des mines, forges, et autres grandes manufactures indispensables.

Cette classe doit être composée, autant que possible : 1. des étrangers qui viennent dans la société pour tout autre motif que le seul amour de ses institutions; 2.º des personnes qui, sans encourir des peines capitales, ont grièvement violé la constitution.

L'on doit avoir soin de classer toutes ces personnes selon leur démérite.

La société réglera les moyens d'existence des uns et des autres, de manière qu'aucun ne souffre de la faim, ni de l'inclémence de l'air et des saisons.

S'il arrivoit que l'on fût obligé d'employer des citoyens non tarés à ces sortes d'ouvrages, l'on devroit y employer, de préférence, ceux qui ont essuyé des corrections, réprimandes, admonitions, avertissemens, etc., en commençant toujours par les plus fautifs; mais ils recevront le même salaire que les artisans, et continueront de jouir de tous les droits dont ils jouiroient dans leurs foyers.

§. XV.

Des Assemblées, et de leur Nombre.

Il y aura trois sortes d'assemblées, c'est-à-dire, les communales, les cantonnales, et la nationale.

Les assemblées communales, ou d'une seule commune, se divisent en éventuelles et en annuelles.

Du Lieu et du Temps des différentes Assemblées, et de leur Convocation.

Les communales éventuelles auront lieu, autant que faire se pourra, le dimanche, après l'office du soir, dans l'église, toutes les fois qu'il y aura urgence, laquelle sera publiée à l'office du matin, à la réquisition du doyen d'âge de la commune, auquel les motifs de la demande en convocation doivent être adressés, ou, à son défaut, au plus ancien après lui, et ainsi de suite.

Les assemblées annuelles communales auront lieu, dans les églises, à des jours fixes, dans le temps le moins précieux de l'année.

Les assemblées cantonnales, ou des députés de
soixante-quatre communes, auront lieu dans une
des églises les plus centrales, quand il y aura
exigence, laquelle sera publiée dans lesdites
communes, par le moyen d'une circulaire en-
voyée par les greffiers cantonnaux, à la réquisition du doyen d'âge de la commune déclarée
centrale, ou, à son défaut, par le plus ancien
après lui, et ainsi de suite.

L'assemblée nationale, ou des députés de
toute la société, aura lieu dans une des églises
les plus centrales de tout le pays, toutes les
fois que la majorité des cantons demandera sa
convocation. Pour connoître cette majorité,
dès que deux cantons seront convenus de demander une convocation, ils le feront savoir,
ainsi que leur motif, au doyen d'âge de la
commune déclarée centrale, ou de celle où se
sont tenues les dernières séances, et, à son défaut, au plus ancien après lui, lequel requé-
rera les secrétaires de l'assemblée, qui tous
doivent habiter les communes les plus voisines
du centre, de se concerter pour envoyer à
tous les cantons une circulaire contenant les
motifs de la demande; et, si la majorité répond
à l'appel, une autre circulaire sera sur le
champ expédiée, laquelle indiquera le numéro

ou le nom de tous les cantons demandant, con-
voquera tous les membres, et les délibérations
commenceront dès que les deux tiers seront
réunis.

Des Attributions des Assemblées.

Les assemblées communales éventuelles connoîtront des besoins des familles, des plaintes
et réclamations des particuliers, des contestations entre les voisins et les parens, et des délits jusqu'à ceux emportant réprimande publique inclusivement : des agens communaux
les suspendront et les remplaceront, s'il y a lieu.

Elles interdiront, s'il y a lieu, les chefs de
familles qui leur seront dénoncés par les parens, voisins ou pupilles, comme incapables de
gérer leur culture, ou pour traitemens inhu-
mains de quelques membres de la famille, et
nommeront leurs substituts.

Si ces assemblées ne jugent pas à propos de
prononcer elles-mêmes sur l'objet de la convocation, elles désigneront un certain nombre
d'arbitres, ou juges, non parens des parties,
lesquels fixeront un jour pour le jugement ou
arbitrage, dans la quinzaine au plus tard.

Mais, dans les affaires majeures de leur ressort, telles que celles emportant réprimande

publique, interdiction ou suspension, elles prononceront elles-mêmes, soit sur le rapport des témoins ou sur celui d'une commission préalablement chargée de l'examen de l'affaire en question.

Les assemblées communales annuelles reviseront les interdictions, les suspensions prononcées par les éventuelles; pourront suspendre et remplacer, s'il y a lieu, les ministres du culte et les agens cantonnaux qui se trouveroient employés dans la commune, jusqu'à la prochaine assemblée cantonnale; connoîtront des querelles et contestations des habitans de la commune, qu'elles estimeront graves, de la violation des articles non numérotés qui ne sont pas suivis de leur sanction, et des cas imprévus qui se trouveront dans la série des délits de leur compétence; mais la peine, pour la première fois, ne doit point aller jusqu'au maximum de la classe dans laquelle on croira devoir les ranger; outre cela, leur décision sur ces deux derniers articles sera soumise à la revision de la prochaine assemblée cantonnale.

De plus, elles connoîtront, en dernier ressort, de tout délit, depuis ceux emportant correction, jusqu'à ceux emportant l'interdiction des droits politiques ou civils à temps inclusivement; et non en dernier ressort, de ceux emportant destitution ou exclusion des emplois militaires, et les travaux publics à temps.

Elles éliront les agens de la commune, et un certain nombre de candidats, lesquels tireront au sort; et celui ou ceux sur lesquels il tombera, sera ou seront membres de l'assemblée cantonnale.

Les assemblées cantonnales connoîtront de la conduite des ministres du culte, des agens cantonnaux, des contestations entre les communes, de la violation des articles non numérotés ou non suivis de leur sanction qui se trouveront dans leur compétence; mais la peine, pour la première fois, ne doit point aller jusqu'au maximum de la classe dans laquelle ils mettront ces délits.

Elles statueront sur les cas imprévus, et prononceront sur tous les délits, depuis ceux emportant destitution ou exclusion des emplois militaires, jusqu'à ceux emportant mort, le tout inclusivement et en dernier ressort, sauf ceux réservés à l'assemblée nationale.

Elles éliront leurs agens, leurs chefs de cohorte, et un certain nombre de candidats qui tireront au sort, et celui ou ceux sur qui le sort tombera, sera ou seront membres de l'assemblée nationale.

L'assemblée nationale connoîtra des contestations entre les cantons, de la violation par les assemblées cantonnales des articles non numérotés; elle veillera à la sûreté extérieure de la société, ratifiera les traités, élira les ambassadeurs, les généraux de tout degré, et autres agens; et les jugera, conjointement avec la moitié des membres de l'assemblée d'un des cantons du centre où le prévenu ne sera pas né; et cela, lorsqu'il aura désobéi à un ordre authentique et officiel, ou sur la demande de deux cantons.

De la Composition des Assemblées.

Les assemblées éventuelles de la commune seront composées de tous les hommes sains d'esprit, non tarés, non publics, et âgés de trente-cinq ans au moins; elles ne reçoivent ni salaire ni indemnité; elles peuvent délibérer, dès que la majorité est réunie, et sont dissoutes de droit, dès que l'affaire pour laquelle la réunion a eu lieu est terminée, laquelle ne peut jamais durer plus de deux séances de cinq heures chacune, sous peine de nullité des actes émanés d'elle après ce temps.

Les assemblées annuelles se composent de

tous les hommes de la commune, sains d'esprit, non tarés, non publics, âgés de quarante ans au moins : elles sont dissoutes de droit, dès que les objets de la convocation sont terminés ou renvoyés; elles ne doivent pas durer plus de cinq jours, sous peine de nullité des actes émanés d'elles après ce temps : leurs membres ne reçoivent ni salaire ni indemnité.

Les assemblées cantonnales se composent d'hommes non tarés, non publics, âgés de cinquante ans au moins; leur dissolution a lieu, dès que les objets de la convocation sont terminés ou renvoyés; leurs membres ne reçoivent d'autre salaire ou indemnité que le logement et la nourriture dans la commune où se tiennent les séances, et pendant leur rassemblement légal, qui ne doit pas être de plus de quinze jours, sous peine de nullité des actes émanés d'elles après ce temps : les délibérations commencent, dès que les deux tiers des membres sont réunis.

L'assemblée nationale se compose d'hommes non tarés, non publics, âgés de cinquante-cinq ans au moins; le salaire, ou indemnité de ses membres, ne doit être que la nourriture, le logement, le chauffage, le blanchissage et l'éclairage sur la route, et dans le voisinage de

l'endroit où se tiennent les séances pendant
leur réunion légale; et, dans ce cas, si leur
culture souffre de leur absence, les habitans
de la commune doivent y pourvoir; sa dissolution a lieu, de droit, dès que les motifs de
la convocation n'existent plus; s'il en survient
de nouveaux, chaque député sera obligé de
les faire connoître à l'assemblée cantonnale
qui l'a nommé, pour obtenir une prolongation,
sous peine d'être condamné par elle à une
peine emportant l'interdiction des droits civils et politiques à temps, selon la conscience
des juges; si elle la refuse, elle le fera savoir
au doyen d'âge de la commune centrale du
canton non demandant la convocation, le plus
voisin des séances, lequel recevra toute demande en dissolution; et, quand il aura reçu
le refus de prolongation de la majorité des
cantons, il la signifiera, par la voie des secrétaires, à chaque membre de l'assemblée nationale, et la publiera, dans tout le pays, avec le
nom ou numéro de tous les cantons refusant
la prolongation, et l'ordre à ceux qui les hé-
bergent de leur refuser toute espèce de secours,
hormis ceux qui peuvent accélérer leur dé-
part.

S'ils se réunissent après cette signification,

ils seront censés hors la loi, et chacun leur courra sus.

Tout membre d'assemblée communale qui refusera d'y assister sans raisons légitimes, sera admonisé la première fois, réprimandé secrètement la seconde, et publiquement la troisième.

S'il est question d'une assemblé cantonnale, l'absence d'un membre doit être motivée; si elle ne l'est pas, ou que les motifs ne paroissent pas légitimes à ses commettans, il est admonisé; s'il n'obtempère, il est réprimandé secrètement; et, s'il persiste dans son refus, il l'est publiquement, et les autres candidats tirent au sort pour le remplacer.

S'il est question de l'assemblée nationale, le député récalcitrant est taré à temps par le seul fait, et remplacé sur le champ, comme ci-dessus.

§. XVI.

Des Peines.

Les peines se divisent en avertissemens, admonitions, réprimandes, corrections et punitions.

Avertissemens.

Les avertissemens sont privés, et se font, la

première fois, par le voisin le plus âgé et le plus proche parent au dessus de trente ans; et la seconde, par les trois voisins les plus âgés; soit de leur propre mouvement ou à la réquisition légitime d'une personne bien famée, âgée de vingt ans au moins : ainsi, dans le cas où des mineurs voudroient requérir, ils seroient obligés d'avoir recours à une semblable personne.

Admonitions.

Les admonitions sont privées, et se font, la première fois, par quatre des voisins les plus âgés ; et la seconde, par cinq, à la réquisition du doyen d'âge de la commune et de ses deux plus anciens voisins, faisant droit à une plainte ou dénonciation légitime.

Réprimandes.

Les réprimandes sont aussi privées la première fois, et se font par quatre personnes au dessus de quarante ans, tirées des quatre carrés de la commune.

La seconde fois, elles se font publiquement à l'église, par un ministre du culte, à la réquisition du doyen d'âge de la commune et six de ses voisins âgés de cinquante ans au moins, faisant droit à une plainte ou dénonciation légitime.

Corrections.

Les corrections consistent dans l'aveu ou excuses privées ou publiques, selon l'importance de l'affaire; dans la réparation du dommage en matières légères, la suspension des emplois civils, l'interdiction de quelques uns ou de tous les droits civils ou politiques, depuis deux ans jusqu'à cinq, le tout après un mûr examen et à la conscience des juges.

Punitions.

Les punitions se divisent en civiles et criminelles.

Les punitions en matières civiles, sont la réparation, la restitution, l'interdiction des droits civils ou politiques à temps ou à perpétuité; l'exclusion ou destitution des emplois militaires, les travaux publics à temps, le tout après un mûr examen, et selon la conscience des juges.

Les punitions en matières criminelles non emportant mort, sont les travaux publics et le bannissement, le tout à perpétuité.

La punition emportant mort est la mise

hors la loi, la coupe de Socrate, ou la privation d'alimens.

Récidive.

La récidive, ou persévérance après deux avertissemens, devient l'objet des admonitions, et après trois des réprimandes secrètes seulement; celle, après deux admonitions, devient l'objet des réprimandes secrètes, et après trois des réprimandes publiques seulement; celle, après une réprimande secrète, devient l'objet d'une réprimande publique, et après deux des corrections seulement; celle, après une réprimande publique, devient l'objet des corrections, et après deux d'une punition analogue en matière civile, ainsi elle ne peut être moindre que la réparation, ni plus que l'interdiction; celle, après une correction, devient l'objet d'une punition analogue en matière civile, et après deux, un an de travaux publics au plus; celle, après une punition civile, autre que les travaux publics, peut devenir l'objet d'une condamnation aux travaux publics à temps seulement; celle, après une condamnation aux travaux publics à temps, peut devenir l'objet d'une punition en matière criminelle non emportant mort. La désobéissance à une sentence criminelle non emportant mort, devient l'objet d'une sentence emportant mort.

La récidive comprend non-seulement le même délit répété, mais encore tous les délits équi- valens.

Objets des différentes Peines.

Les contraventions, évidentes ou prouvées aux articles numérotés ou non, sont au moins l'objet des avertissemens.

Celles *id.* aux articles marqués 1 *R.* sont l'objet des admonitions.

Celles *id.* aux articles marqués 2 *R.* sont l'objet des réprimandes.

Celles *id.* aux articles marqués 3 *R.* sont l'objet des corrections.

Celles rigoureusement prouvées aux articles marqués 4 *L.* sont l'objet des punitions en ma- tière civile.

Celles *id.* aux articles marqués 5 *L.* sont l'objet des punitions criminelles non empor- tant mort.

Celles *id.* aux articles marqués 6 *L.* sont l'objet des punitions criminelles emportant mort.

§. XVII.

De la Guerre.

Une société, qui n'a ni or ni argent, ni pierres réputées précieuses, ni aucun autre objet de luxe, ne semble pas devoir être exposée à une invasion; mais des hommes assez orgueilleusement extravagans pour se croire destinés par le ciel à gouverner leurs semblables, pourroient encore l'attaquer, soit pour le plaisir de faire la guerre, soit pour augmenter le nombre de leurs esclaves, ou dans la crainte que le bon exemple ne devînt contagieux parmi leurs sujets, tout cela exige nécessairement l'admission de la guerre défensive; mais celle de partisan seulement, et sans autre artillerie que le fusil ou la carabine.

Pour y être toujours préparé, il faut, 1.º dans les grands pays, que, depuis les frontières, jusqu'à dix myriamètres vers l'intérieur, les limites des cultures soient des haies, murs ou fossés, pour embarrasser la marche de l'ennemi; 2.º qu'il y ait au moins dans chaque famille un fusil bien entretenu; 3.º que les jeunes gens soient exercés au tyr, à la course, à sauter par-dessus les haies, murs ou fossés, aux charges

rapides et serrées, et à marcher en bataillon
carré, en cas de besoin ; mais, pour bien y
réussir, il faut une espèce d'organisation militaire.

L'on organisera donc tous les hommes capables de faire la guerre, depuis vingt ans
jusqu'à cinquante ans, en compagnies, qui choi-
siront leurs officiers jusqu'au capitaine inclusivement. Il y aura un chef de cohorte, depuis cinq cents jusqu'à deux cents hommes, qui
se choisira un adjudant par cinq cents hommes
dans sa cohorte ; il y aura un général, depuis
cinq cents jusqu'à douze mille hommes, et deux
aides-de-camps. S'il y a plus d'un corps ensemble, il y aura un général en chef nommé
par qui de droit ; faute de quoi, le plus ancien en grade prendra le commandement suprême ; et le plus ancien colonel remplira la
place vacante par intérim : s'il y a égalité de
service, ils tireront au sort ; tous les délits militaires un peu graves seront jugés par un
conseil de guerre dans lequel un tiers des
juges sera des citoyens âgés de cinquante-cinq
ans au moins, tirés des communes que l'armée
occupera.

L'on ne pourra infliger aucune peine cor-
porelle honteuse pour un homme né libre.

Aucun défenseur ne doit agir en cette qualité que par un ordre légal, sous peine d'un jugement qui pourroit emporter les travaux publics à temps, pour le défenseur non gradé; de dix ans au moins, pour les sous-officiers; vingt, pour les officiers, jusqu'au grade de capitaine, inclusivement; et, à perpétuité, pour les officiers supérieurs.

Dès qu'un général aura reçu sa destitution légale ou un ordre authentique de licencier son armée, il sera tenu d'obéir dans le temps fixé, sous peine d'un jugement qui pourroit entraîner une sentence de mort.

Dès que les officiers ou soldats auront connoissance authentique de sa destitution légale, ils doivent lui refuser obéissance.

S'ils ont connoissance du licenciement, ils se retireront dans leurs foyers.

Si quelques chefs vouloient empêcher de faire connoître la destitution ou licenciement, les citoyens du pays que l'armée occupera, seront tenus de le faire connoître aux défenseurs par tous les moyens possibles.

Les ennemis qui pourront attaquer la société, sont de deux espèces : les uns sont les conquérans qui proclament effrontément le droit du plus fort; les autres sont ceux dont l'astuce et la perfidie sont les armes principales.

Si les premiers menacent la société, les habitans des points menacés feront, autant que possible, filer vers les montagnes ou forêts voisines, leurs bestiaux, leurs provisions et munitions, leurs femmes, leurs enfans et leurs vieillards qui doivent être reçus partout comme des frères.

Ils couperont sur le champ les ponts et les chemins, feront des abatis, cacheront les provisions et munitions qu'ils ne peuvent emporter, détruiront les fourrages et les moulins.

Les voisins se prépareront à harceler l'ennemi nuit et jour sur ses flancs; et, tandis que les habitans des points menacés s'avanceront de proche en proche, ceux des environs, après l'avoir harcelé sur ses flancs, se porteront sur ses derrières, pour intercepter toutes ses communications.

L'on tâchera d'avoir continuellement quatre corps autour de lui, et de ne livrer bataille que sur un terrain extrêmement favorable, tel que le pied des montagnes, la lisière des bois, etc.

Les déserteurs de bonne foi qui voudroient se soumettre aux réglemens de la société, seront distribués dans les compagnies, et admis à tous les droits des citoyens après la guerre, si leur conduite a été exemplaire.

Si cette espèce d'ennemis venoit à faire des progrès sur le territoire de la société, l'autre espèce qui auroit peut-être poussé les premiers à cet acte d'iniquité, par ses intrigues ou son argent, ne laissera pas quelquefois d'offrir des secours avec toute l'astuce imaginable ; mais comme le despotisme ne voit que soi, ne travaille que pour soi ; que son premier besoin est la domination ; que le premier devoir qu'il s'impose est de duper adroitement ses voisins, il faudra lui proposer d'attaquer l'ennemi dans son propre pays : s'il rejette la proposition, ses desseins perfides et ambitieux seront trop évidens pour se fier à lui ; s'il accepte, et qu'il réussisse à faire évacuer le territoire de la société, il ne manquera pas de demander, soit son alliance, soit la liberté de commercer dans l'intérieur, afin de miner sourdement les institutions : on ne lui accordera donc, toutes choses égales d'ailleurs, que la préférence du commerce extérieur, d'après les formes voulues.

§. XVIII.

Des Fêtes publiques.

Il y'aura, tous les deux ans, deux fêtes publiques dans chaque commune : l'une, vers la
mi-automne, pour les hommes, où l'on distribuera des prix, à la majorité des voix de tous
les citoyens âgés de vingt-quatre ans au'moins;
1.º à celui qui aura le mieux observé la constitution; 2.º à celui qui aura le mieux labouré sa
culture; 3.º à celui qui aura le mieux exercé sa
profession d'artisan; 4.º au garçon le plus sage;
5.º au meilleur fils; 6.º à celui qui aura le mieux
profité de ses instructions : ce qui se connoîtra
dans un examen qui doit avoir lieu au moins huit
jours avant. Les enfans doivent avoir au moins
douze ans, pour concourir au prix.

L'autre, vers le commencement du printemps, pour les femmes, où l'on distribuera, à
la majorité, comme ci-dessus, des prix à la femme
la plus industrieuse, à la plus économe, à la
plus propre dans son ménage; à la fille la plus
sage, à la plus diligente, à la plus instruite,
et à celle qui s'est le plus distinguée par sa propreté, jointe à la simplicité.

Nulle personne tarée ne pourra concourir à aucun prix.

Une seule admonition suffit pour exclure de la concurrence à un prix accordé pour une vertu dont la violation a été l'objet de cette admonition : ainsi l'homme admonisé ne peut prétendre au premier prix, parce qu'il a violé la constitution d'une manière ou de l'autre : une personne admonisée deux fois, et à plus forte raison réprimandée secrètement, ne sera point admise à tirer au sort, dans le cas où il y auroit égalité.

Quand il n'y aura point de majorité, l'on n'accordera de prix qu'à ceux qui auront obtenu le plus de voix au dessus du huitième des votans.

Les récompenses consisteront dans l'enregistrement du nom des vainqueurs sur un livre *ad hoc*, dans leur publication à une fête cantonnale, et dans le droit de porter, pendant un an, de telle ou telle manière, soit un bouquet d'épis de blé, soit une fleur ou une branche de laurier, de chêne ou de myrte, etc.

Il y aura une troisième fête, tous les ans, vers le solstice d'été, dans chaque canton, où l'on publiera les noms, l'âge, le lieu de la nais-

sance des vainqueurs de toutes les communes,
et le nombre de voix qu'ils auront obtenues.

Ensuite l'on chantera un hymne national,
l'on s'exercera à la course, et le vainqueur
sera couronné sur la place.

Après une guerre, l'on pourra couronner
le guerrier et le citoyen qui auront le mieux
mérité de la patrie, et insérer leurs noms dans
les registres publics.

Dans toutes ces fêtes, l'on apportera ses provisions, et l'on se retirera avant la nuit.

Ceux qui les troubleroient par une conduite
désordonnée seront exclus de la prochaine au
moins, sans préjudice de la peine portée contre
le genre de délit commis, etc.

CHAPITRE II.

Des Avantages de ce Système.

LE premier avantage de notre système est
une grande augmentation de matières de première nécessité, provenant, 1.º de l'économie.
Tous les membres d'une pareille société étant
bien convaincus que ces matières sont les plus
précieuses du monde, puisqu'elles sont le fruit

de leurs peines et de leurs travaux, et que
sans elles l'homme ne pourroit exister, ils en
usent, sinon avec parcimonie, du moins avec
sobriété, et ne les prodiguent pas à des animaux inutiles, ou qui peuvent s'en passer; ils
en ont le même soin que les riches ont de leurs
perles et de leurs diamans; ils n'ignorent pas qu'il
en est de ce qui maintient l'existence et la santé,
comme du temps qui ne peut se recouvrer,
lorsqu'il est perdu: ainsi, au lieu de ce criminel
gaspillage presque inévitable chez les grands,
lorsqu'ils possèdent ces véritables et uniques
trésors, ils prennent tous les moyens possibles
de les conserver, non pour le vain plaisir de
les contempler, comme l'avare fait des tas d'or
et d'argent, mais pour jouir d'une honnête
abondance, pour se mettre à l'abri de toute
inquiétude sur l'avenir, pour pouvoir se dire
à eux-mêmes : « Notre bonheur ne dépend
point des autres; nous ne serons point obligés
d'aller implorer leur pitié, et fatiguer leurs
oreilles, peut-être inutilement, par nos de-
mandes importunes; au contraire, nous méri-
terons leur estime par notre exactitude à remplir nos devoirs sociaux, par le bon exemple
que nous donnons; nous pourrons même mériter leur reconnoissance, si un malheur im-

prévu les force d'avoir recours à nous. » 2.º Par
la restitution à l'agriculture de toutes les terres
que le luxe lui ôte; ensuite, celles qu'occupent
les établissemens publics, tels que les maisons
d'instruction, les hôpitaux civils et militaires,
les casernes, les prisons, les bastilles, les bagnes, les chantiers, les bassins, les arsenaux,
les polygones, les forts, les citadelles, les rem-
parts, les fossés, les chemins couverts, les ouvrages avancés, les glacis, et les terrains dé-
gagés qu'exigent autour d'elles toutes les places
fortes; les vastes forêts, les cultures de chanvre,
et autres choses nécessaires à la construction,
à l'armement et à l'équipement des flottes marchandes et guerrières; enfin, celui des baies,
dont certains pays sont coupés dans toutes les
directions; plus de cent mille hectares occupés
par les grandes routes, et cinq cent mille par
les chemins de traverse, devenus inutiles par
la bonne distribution des cultures. 3.º Par la
restitution aux travaux champêtres de cette
méprisable valetaille qui préfère une servitude
brillante et oisive, mais honteuse et dégradante,
à une laborieuse, mais honorable indépendance; de ces nombreux habitans des villes,
qui ne sont occupés que de leurs plaisirs, ou des
moyens de satisfaire ou alimenter un luxe cri-

minel; de cette grande quantité de matelots,
qui vont, aux dépens de leur vie, chercher
aux extrémités du monde des objets de pur
caprice; de ces grandes armées que l'on tient
toujours sur pied pour donner un état aux enfans des riches, ou par ostentation, et autres
motifs encore plus iniques; de ces légions de
clercs, de procureurs, d'huissiers, de commis,
de moines, de maltôtiers, de régisseurs; enfin,
de tant de riches et puissans seigneurs, qui
semblent n'avoir été mis sur la terre que pour
dévorer la substance de leurs semblables, et
les tourmenter de mille manières. 4.º Par la
division du terrain en portions assez grandes
pour maintenir une famille, et pas assez pour
en négliger la culture impunément; car, quand
on n'a guères que la stricte quantité de terre
nécessaire pour vivre, et que l'on ne peut pas
compter sur les autres, la plus légère diminu-
tion dans le produit se fait bientôt sentir, et
d'une manière bien plus piquante la deuxième
année que la première, et ainsi de suite : ce fidèle
moniteur avertit continuellement, qu'il vaut
beaucoup mieux avoir un peu plus que moins,
et tient toujours la diligence en haleine; outre
cela, il y a toujours dans le cœur de l'homme
un penchant à l'amélioration, auquel il se

livre volontiers, toutes les fois qu'il ne craint
pas d'être privé du fruit de son industrie; or,
dans notre système, il travaille avec une sécurité parfaite, car il ne peut redouter ni la cupidité d'un maître, ni les violences d'un exac-
teur, ni l'envie de ses voisins, qui tous jouissent
des mêmes avantages que lui.

La grande quantité de matières de première
nécessité qui résultent de tout ce que nous venons
de voir, rend la disette infiniment rare; mais ce
qui la rend impossible, c'est que chaque cultivateur peut aisément se procurer, dans les années
ordinaires, un petit excédant; car il ne lui faut,
pour sa nourriture, que la valeur de vingt-huit
hectolitres de froment, douze pour ses semences,
dix pour les greniers d'abondance; en tout,
cinquante. Or, d'après notre calcul, les deux
tiers d'une culture peuvent très-facilement
fournir cinquante-deux hectolitres de blé; il
lui resteroit donc un excédant de deux hectolitres tous les ans, quand il n'en laboureroit que
les deux tiers : donc, au bout de dix ans, il
se trouveroit avoir une réserve de vingt hectolitres, qui, joints au peu que l'on auroit re-
cueilli dans la mauvaise année, les légumes et
les racines de l'année courante, les ressources
d'une basse-cour, la chair des animaux qu'on

n'est pas obligé de vendre pour payer un maître, la concurrence et les accaparemens étant
impossibles, et le mal également réparti sur
tout le monde, tout cela empêcheroit entièrement chaque famille de souffrir jamais de la
faim, quand la terre seroit régulièrement frappée
de stérilité tous les dix ans; ce qui n'arrive
guères que sous les hautes latitudes voisines
des cercles polaires. Une autre chose qui ne
contribueroit pas peu à prévenir la disette,
c'est le soin que l'on prend de ne souffrir, sur
chaque culture, que le nombre d'individus
qu'elle peut maintenir : par cette mesure, chacun sait exactement à quel degré de misère
l'exposeroit une année de disette; il peut donc
la prévenir, soit comme nous venons de dire,
soit par la culture des productions tenaces,
qui rapportent quinze fois plus que le froment,
et ne laisser ainsi presque rien au hasard, comme
dans le système actuel, où l'on vit au jour la
journée (1). Mais il faut avouer que cette pré-
caution auroit quelque chose de cruel, si l'on
forçoit, comme dans certains pays, quelques-

---

(1) Tout y est tellement laissé à l'aveugle fortune, que
c'est un vrai miracle que l'on ne voie pas plus de générations enlevées par la famine.

uns des enfans à quitter la maison paternelle,
sans leur procurer à peu près les mêmes avantages que ceux qui y restent; et c'est à quoi le
système des novateurs peut seul pourvoir, et
pourvoit en effet d'une manière admirable; car,
d'abord, il arrache à l'or et à l'argent la possession exclusive de la terre, pour la transmettre
à son légitime possesseur, c'est-à-dire, au cultivateur laborieux; ensuite, son économie dans
la dépense, sa division du territoire, l'emploi
de ses productions, l'amélioration du sol, etc.,
laissent une si grande quantité de cultures en
réserve, que des siécles s'écouleroient avant
qu'elle fût épuisée, même en supposant qu'aucun fléau ne viendroit arrêter les progrès de
sa population. Pour bien démontrer cette vérité, il faudroit connoître, au juste, l'étendue
de tous les pays habitables, et nous ne con-
noîtrons bien celle de la France qu'après la
parfaite confection du cadastre général; en attendant, nous supposerons cette étendue de
vingt-huit mille six cent neuf lieues et demie
carrées, qui est l'estimation que l'on trouve
dans un ouvrage assez récent, fondé, du moins
en apparence, sur les documens les plus exacts
et les plus authentiques. En retranchant de
ces vingt-huit mille six cent neuf lieues et

demie pour les terres de non valeur, restent
vingt-un mille quatre cent cinquante-sept
lieues carrées, ou quarante-un millions huit
cent quatre-vingt mille trois cent trente-huit
hectares de terres cultivables et productives,
qui, étant divisées par six, grandeur moyenne
des cultures, en portent le nombre à six millions neuf cent quatre-vingt mille cinquante-
six, qui peuvent être habitées par quarante-huit
millions huit cent soixante mille trois cent quatre-
vingt-douze personnes : il faut ajouter à cela les
cent mille hectares de grandes routes, et les cinq
cent mille de chemins de traverse devenus inutiles, qui donnent cent mille cultures, et sept
cent mille habitans. Mais une difficulté insur-
montable se présente, c'est l'estimation exacte
des terres de luxe, des haies et des établissemens
publics : l'on n'a pas même de données pour
une estimation approximative; aussi, n'affir-
mons-nous rien à ce sujet; cependant, nous ne
croyons pas exagérer en le portant à un million d'hectares, ou cent soixante-six mille six
cent soixante-six cultures capables de nourrir
un million cent soixante-six mille six cent
soixante-deux personnes.

RÉCAPITULATION.

		HECTARES formant	CULTURES pouvant nourrir	PERSONNES.
Terres productives.	41,880,338	6.980,056	48,860,392	
Routes supprimées.	100,000	16.666	116.662	
Chemins de trav. *id.*	500,000	83,333	583,331	
Terres de luxe, etc.	1,000,000	166,666	1,466.662	
Totaux. . .	43,480,338	7,246,721	51,027,047	

Ce total, tout grand qu'il est, est bien loin d'être exagéré : au contraire, nous nous sommes retranchés dans une espèce de pis aller, pour nous mettre à l'abri de toute mauvaise chicane; car nous mettons le centre de l'échelle de fertilité plus bas qu'il ne devroit être, et nous ne faisons pas entrer en ligne de compte l'amélioration du sol, qui constitue une si énorme différence, que l'on est tenté de regarder les faits qui l'attestent comme controuvés, quand on n'en a pas été soi-même témoin. Nous pouvons en citer un que nous avons vu de nos propres yeux : un terrain très-élevé, qui est à peine au centre de l'échelle, puisqu'on l'estimoit presque incapable de produire du fro-

ment, a néanmoins rendu une année cinquante-
quatre pour un en orge. Il ne faut cependant
pas s'imaginer qu'il produisit quatre ou cinq
fois plus que de coutume, ce seroit une erreur
bien grande et bien dangereuse; l'on seroit
peut-être étonné d'apprendre qu'il n'ait produit qu'une fois plus; mais, si l'on fait attention
que l'on avoit mis trois fois moins de se-
mence qu'à l'ordinaire, que l'on n'avoit fait
que le remuer deux fois au lieu d'une, le
fumer comme pour le froment, et que l'année
n'étoit pas plus favorable qu'une autre, l'on
croira aisément qu'il ne seroit pas difficile de
lui faire produire, tous les ans, la même quantité, ou équivalent; d'où il suit qu'une culture
de ce terrain pourroit en nourrir le double de
ce qu'elle nourrit ordinairement, ou bien être
la moitié plus petite, et en nourrir autant.
Cette seule circonstance prouve que la population de la France pourroit s'élever à plus de
cent millions, sans autres perfectionnemens que
ceux que nous connoissons. Cependant, comme
il est facile de se tromper en spéculation, et infiniment dangereux en pareil cas, nous sommes
bien éloignés de conseiller un plan d'économie
politique basé sur la plus grande fertilité dont
un terrain soit susceptible; car il vaut beau-

coup mieux avoir un excédant d'objet de consommation, pendant dix ou vingt ans, qu'une
seule année de disette : d'ailleurs, il y a des
époques si fertiles en calamités provenant de
l'inclémence de l'atmosphère, des insectes, des
volatiles, et des ravages de la guerre, que ce
seroit le comble de l'imprudence de compter
sur une abondance perpétuelle. Pour concilier
la prudence avec la gloire du Créateur, qui
semble intéressée à ce que la terre soit peuplée,
autant que possible, d'heureux habitans, nous
pourrions recommander un terme moyen : ainsi,
en supposant que les provisions pour nourrir
cent millions d'habitans, fussent le *maximum*
de la fertilité de la France, et ce qui peut en
maintenir cinquante, le *minimum*, le terme
moyen seroit soixante-quinze millions ; mais,
pour ne donner aucune prise à ces égoïstes qui
ont toujours peur, nous ne disons pas de mourir de faim, ni même de manquer de pain, mais
de tasses de café et autres superfluités, nous
proposerons le terme moyen du terme moyen
même ; c'est-à-dire, qu'au lieu de prétendre
que la France peut maintenir soixante-quinze
millions d'habitans, nous supposerons qu'elle
n'en peut maintenir que soixante-trois et demi ;
nous négligeons encore les inégalités de la

14

terre et la courbure des sillons, qui rendent
sa surface au moins un cinquième plus grande
dans son état naturel que sur la meilleure
carte possible; car, s'il y avoit, du pied des Py-
rénées à Dunkerque, dans la direction de Car-
cassonne et de Paris, une lisière, sans élévation,
qui formât avec son plan un angle de plus de
vingt-cinq degrés, et que l'on traçât une route
sous ce méridien, il est plus que probable que
celui qui la parcourroit feroit encore près de
quarante lieues de plus, que s'il y alloit sur
un plan tracé à la profondeur du vallon le plus
creux qui se trouve entre les deux extrémités.
Mais sortons des conjectures, et présentons
des faits : le relevé des registres d'un arrondissement, qui, selon toutes les apparences, est
plutôt au dessous qu'au dessus du centre de
l'échelle de fertilité; car, pour des milliers
d'hectares de landes aussi ingrates que celles
de Bretagne, il n'y en a pas cent de compara-
bles aux plaines céréales de la Bauce, de la
Flandre, de l'Alsace, et au bassin de la Ga-
ronne; aucun aux vallées de Corbon, de Li-
magne, de Souillac, de Campan, ni aux pâtu-
rages du Bas-Poitou, de l'île de Carmague, et à
peine quelques-uns à ceux de Cotentin. Néanmoins, ce relevé offre un résultat de deux

mille deux cent soixante-dix-sept personnes et une fraction par lieue carrée : ainsi, vingt-huit mille six cent neuf lieues et demie, qui font l'étendue de la France, multipliées par deux mille deux cent soixante-dix-sept et une fraction, donnent soixante-cinq millions cent quarante-sept mille cent quatre-vingt-sept. Il est probable que les productions de cet arrondissement ne lui suffiroient pas ; mais, si le terrain y étoit sagement distribué, si les haies et fossés qui le coupent dans toutes les directions, les chemins inutiles, les terres de luxe, les établissemens publics, les vergers, les prairies artificielles, dont il est surchargé, étoient rendus à l'agriculture des choses de première nécessité, l'on pourroit hardiment assurer qu'il se suffiroit à lui seul, et même avec abondance, quand l'agriculture y resteroit au degré où elle est maintenant. D'après ce dernier calcul, les sept cent millions d'individus qui sont dispersés sur la surface de la terre pourroient trouver tout ce qui est nécessaire au véritable bonheur, sur un terrain ni plus ni moins fertile, et dix fois et demie aussi grand que la France. Or, il n'y en a pas moins de deux cent dix-huit fois autant entre le 51.ᵉ degré de latitude nord et le 50.ᵉ sud. En multipliant

par deux cent dix-huit, neuf millions trois
cent six mille sept cent quarante-une cultures,
résultant d'environ cinquante-cinq millions
huit cent quarante mille quatre cent quarante-
huit hectares, qui font l'étendue de la France,
nous en aurons deux milliards ving-huit millions
huit cent soixante-neuf mille cinq cent trente-
huit, dont il faudroit déduire cent millions
pour les sept cent millions d'habitans qui sont
maintenant sur la terre : donc, il resteroit un
milliard neuf cent vingt-huit millions huit cent
soixante-neuf mille cinq cent trente-huit cultures en réserve, sous les plus belles latitudes
du monde, qui seroient bien loin d'être épuisées dans dix siécles, quand l'augmentation
de la population seroit la moitié plus rapide
qu'elle n'est : il suit de là que notre globe, où
les deux tiers de sept cent millions de créatures humaines croupissent dans la misère,
faute de terre, pourroit, sans les régions glaciales, en entretenir, sous notre système, quatorze milliards deux cent quatorze millions
quatre-vingt-six mille sept cent soixante-six ;
et, ce qu'il y auroit de plus heureux, c'est
que la fatigue qu'éprouve aujourd'hui la classe
laborieuse seroit beaucoup diminuée. Voici comment : sur six ou sept personnes, qui compose-

roient ordinairement une famille, il y auroit
presque toujours trois hommes dans le cas de
travailler; savoir, le petit-fils, qui auroit de
dix à vingt-trois ans, le fils de trente-trois à
quarante-cinq, et le père de cinquante-six à
soixante-dix-huit. Ce dernier âge paroîtra sans
doute trop avancé pour travailler; mais, si l'on
trouve aujourd'hui des hommes autant dans
le cas de travailler à soixante-quinze ans qu'à
cinquante-six, l'on en trouveroit beaucoup plus
qui le feroient à soixante-dix-huit, dans un
système où une nourriture abondante, saine,
solide et bien élaborée, un air pur, une vie
sage, active, exempte de chagrins et d'inquiétude, et un travail fortifiant, procurent une
santé robuste jusqu'à la plus grande vieillesse :
ainsi, chaque individu, au lieu de faire l'ouvrage de dix, douze ou quinze personnes, ne
travailleroit que pour deux et demie, ou trois
et demie au plus. L'étendue des cultures suffiroit seule pour convaincre qu'elles n'exigent
pas un travail bien pénible; celles qui se trouveroient dans le terrain le moins fertile sem-
bleroient devoir en exiger davantage; mais le
tiers, ou tout au plus la moitié, suffiroit ordinairement pour produire la quantité requise;
car l'étendue, permettant d'en laisser une grande

partie en friche, cette terre bien reposée et bien améliorée par le bétail qu'elle auroit nourri, seroit beaucoup plus fertile, que si elle étoit continuellement labourée.

Une éducation suffisante pour faire un citoyen sage, et pas assez savant pour en faire un rusé fripon, est encore un des bienfaits de notre système. Il n'est peut-être rien qui exige un plus juste milieu que l'éducation : si elle est nulle, ou trop bornée, le sujet est exposé à tous les genres de séduction : qu'un ambitieux vienne à bout d'endoctriner cet homme qui n'a d'humain que la figure, qui semble avoir été façonné tout exprès par le despotisme, pour être la dupe, ou l'instrument aveugle des passions d'autrui, il le trouvera toujours prêt à écouter ses barbares suggestions, et exécuter ses cruels mandats : si elle est poussée trop loin, il s'en sert pour duper ses concitoyens, diriger ou consommer ses projets ambitieux, comme l'expérience ne l'a que trop montré. Celle dont il s'agit ici ne peut avoir de tels inconvéniens : toute familière, elle se renferme nécessairement dans les bornes légitimes, qui sont la lecture, l'écriture, un peu de calcul, une juste appréciation du véritable bonheur, l'habitude de ne rien dire ou faire de sérieux, sans

réfléchir, de ne faire peine à personne, et à se
défier des charlatans de toute espèce : outre cela,
les enfans ne peuvent contracter ces mauvaises habitudes, ni apprendre ces supercheries, ces noires
méchancetés que l'on contracte dans les écoles
publiques; car c'est une vérité applicable à
toute société, que les hommes sont d'autant
moins pervers qu'ils sont moins agglomérés;
ils sont moins insolens, moins turbulens, en un
mot, moins méchans, dans les campagnes que
dans les villes, moins dans les petites que dans
les grandes, moins dans celles-ci que dans
l'armée, et moins dans celle de terre que dans
celle de mer.

Le crime social le plus commun est, sans
contredit, le vol; aussi les lois le poursuivent-
elles, avec une espèce d'acharnement, dans
tous les pays : eh bien, c'est précisément celui
qui seroit le plus rare dans notre système,
parce que les sources ordinaires de ce désordre
y sont à peu près nulles, où tout-à-fait inconnues.
Le luxe étant strictement prohibé, personne ne
peut être tenté de s'approprier le bien d'autrui, dans la vue d'étaler aux yeux de ses concitoyens un faste insolent, qui est le plus vif
aiguillon de la cupidité. La paresse, qui, de

nos jours, porte beaucoup de personnes à voler, parce que le travail est accablant, est également inconnue dans un système où ce travail est plutôt une distraction, un délassement, ou, tout au plus, un exercice moins violent que ceux auxquels la jeunesse se livre par plaisir et inclination. La misère est assurément la source la plus féconde du vol : il est assez naturel qu'un homme, qui ne peut faire subsister sa famille, malgré le travail le plus opiniâtre, suive l'instinct animal qui porte tous les êtres vivans à prendre, partout où ils peuvent, de quoi apaiser la faim qui les dévore; mais les principes comme les conséquences de notre système, ayant pour but principal de faire régner partout une honnête abondance, il ne se trouveroit personne dans le cas de se prévaloir de l'axiome qui dit : « La nécessité n'a point de loi. » L'on peut donc hardiment assurer que ce système détruit, à peu près radicalement, le vol : si quelques-uns s'y livroient encore, ce ne pourroit être que pour le plaisir de mal faire, ou par une paresse si odieuse, et si impardonnable, que de tels hommes mériteroient bien d'être au moins bannis de la société; ce que l'on pourroit toujours faire d'une manière d'autant plus légale, que leur culture négligée, ou absolument nue, viendroit porter contre eux un témoignage irrécusable.

La guerre, la servitude et l'oppression, doivent être aussi rares que le vol, pour ne pas dire impossibles. En effet, quels sont les motifs ordinaires qui portent les hommes à se poursuivre les armes à la main? Pour répondre pertinemment à cette question, il faut distinguer; si l'on veut parler des peuples tout-à-fait barbares : l'on peut répondre qu'ils font la guerre pour une seule chose, c'est-à-dire, pour se procurer de quoi manger et boire, surtout lorsqu'ils ont été alléchés par la saveur des alimens et le goût du vin et des liqueurs fortes; ignorant entièrement ce que c'est que le blé, les légumes, et les racines propres à fournir une nourriture saine et abondante, et beaucoup plus encore l'art de les cultiver; lorsque les fruits des arbres ne leur offrent plus rien à manger, que le poisson et le gibier viennent à leur manquer, ils se jettent sur les hordes voisines, soit pour leur disputer leur pâture, soit pour dévorer les prisonniers qu'ils peuvent faire. Les peuples qui ont fait quelques pas hors la barbarie, c'est-à-dire, qui savent que la terre, étant cultivée, peut fournir des alimens en abon-

dance, pour toute l'année, dans des lieux fixes;
ces peuples, disons-nous, désirent jouir pleine-
ment de cet avantage; mais, comme il faut
pour cela se livrer à des travaux auxquels ils
ne sont point accoutumés, et qui répugnent à
leur paresse, ils entreprennent des guerres pour
faire des prisonniers, soit pour les vendre, ou
pour les forcer à travailler exclusivement pour
eux, afin de pouvoir se livrer au seul amusement qu'ils aiment; savoir, la chasse des bêtes
et des hommes, comme faisoient jadis les nobles de notre pays, et comme font encore les
grands seigneurs de l'Asie, de l'Afrique, et d'une
partie de l'Europe. Les peuples civilisés, au
contraire, font la guerre pour acquérir des
honneurs, du luxe et de la gloire. Or, les pierres
et métaux réputés précieux, les productions
de luxe, et en général tout ce qui peut exciter
la rapacité ou la jalousie du gouvernement,
la cupidité ou l'appétit du soldat, ou l'ardeur
des conquérans, tout cela étant strictement prohibé dans une société dirigée par nos principes, le seul avantage qu'ils pourroient en retirer seroit la possession d'un pays bien cultivé;
mais il est à présumer qu'ils regarderoient à
deux fois avant d'attaquer un peuple nombreux, rempli de vigueur et de courage, jaloux

de ses institutions et de son indépendance au
dernier point : d'ailleurs, ils n'ignoreroient pas
combien il leur seroit difficile de garder un
tel pays, au milieu d'une population d'autant
plus implacable, qu'elle auroit été plus injustement attaquée. Toutes ces considérations ne
manqueroient pas d'avoir un grand poids dans
l'esprit des gouvernemens limitrophes, à moins
qu'ils ne fussent entièrement composés de brigands forcenés. Quant aux guerres offensives
de la part des membres de notre société, outre
qu'elles seroient des infractions manifestes à
ses lois, elles seroient à peu près physiquement
impossibles, parce qu'ils n'auroient pas les
moyens d'en faire les préparatifs, et qu'elles
ne pourroient leur procurer que des choses
inutiles ou pernicieuses.

Nous venons de voir qu'il y a des hommes
forcés à travailler exclusivement pour des vainqueurs barbares : c'est ce que l'on appelle proprement l'esclavage, ou le plus bas degré de la servitude : les vassaux, qui sont obligés de suivre
leur seigneur à la guerre, et de lui rendre des
services bas ou honteux, sont au second degré ;
la troisième espèce de servitude est l'état militaire, dans beaucoup de pays ; il est même un

véritable esclavage dans la plupart des gouvernemens despotiques, puisque les chefs ont
droit de vie et de mort sur leurs soldats : cependant leur esclavage est moins honteux que
celui de la classe laborieuse, parce qu'on ne
les force qu'à exposer leur vie pour leurs
chefs, ce à quoi l'homme le plus libre est quelquefois obligé lui-même : mais, dans aucun
pays, ils ne peuvent leur résister, quelque cruels
ou injustes qu'ils soient, sans s'exposer à encourir une peine capitale; ils sont donc nécessairement au moins les instrumens de leur
tyrannie. Il y a une quatrième espèce de servitude, c'est l'état des domestiques à gage; cependant, il y a cette différence, entre eux et
l'esclave proprement dit, que celui-ci est non-
seulement forcé de travailler, mais encore de
faire autant d'ouvrage que son maître en
exige, sous peine d'être déchiré à coups de
fouet, ou assommé à coups de bâton; et l'autre,
pour la vingtième partie de son ouvrage, sous
peine de mourir de faim ou par la main du
bourreau.

D'après toutes ces définitions, l'homme le
moins attentif apercevra aisément au premier
coup d'œil, en parcourant le nouveau sys-

tème, qu'aucune de ces quatre espèces de ser-
vitudes, ne peut y trouver place; car, quand
quelques-uns de ses sectateurs seroient assez
méchans pour étouffer tout sentiment d'équité,
et porteroient le vandalisme jusqu'à vouloir
conquérir leurs voisins pour en faire des bêtes
de somme, il est de toute impossibilité que la
majorité d'une nation abandonnât spontané-
ment les sentiers de la justice et de la raison,
pour se jeter dans ceux du crime et de la folie;
il seroit encore plus difficile d'opérer cet œuvre
d'iniquité chez eux que chez les autres; c'est-
à-dire, qu'une partie des citoyens rendît
l'autre esclave, parce que les moyens d'attaque
des méchans ne seroient pas aussi grands que
les moyens de défense des bons : ceux-ci n'auroient pas moins d'envie de repousser l'esclavage, que les autres de l'imposer; et, si quelquefois la bonne cause peut donner de l'avantage, ce seroit certainement dans ce cas-ci.
Supposons, toutefois, qu'au lieu de lever au-
dacieusement l'étendard de la révolte, ils se
contentassent de faire usage des moyens ordinaires de ceux qui veulent s'élever au dessus
des institutions, quels succès pourroient-ils en
attendre, dans une société où il n'y auroit
pas même l'ombre d'un abus? Que leur servi-

roit-il d'alléguer des injustices dont personne
ne sentiroit les effets? Ils pourroient peut-être
se plaindre de l'inflexibilité des lois; mais ces
sortes de plaintes ne pourroient être accueillies
par un peuple sage; au contraire, leurs décla-
mations ne feroient que de prouver leur mauvaise foi, démasquer leurs desseins pervers, et
affermir les citoyens dans leur attachement à
leurs institutions : tous leurs efforts viendroient
donc échouer contre le roc inébranlable du
bonheur public bien senti.

Dans cet ordre de chose, le vasselage seroit
essentiellement inconnu, parce qu'il n'est que
l'adoucissement de l'esclavage proprement dit.
Or, celui-ci n'ayant jamais eu lieu, l'autre ne
pourroit pas plus exister qu'un effet sans cause.
Quant au militaire, il n'est point esclave, quand
il n'est point soldat de profession : or, ici personne ne fait le métier de soldat; quand le
pays est attaqué, une partie, ou la totalité des
jeunes gens, prend les armes pour le défendre,
et chacun redevient citoyen, dès que le danger
a disparu; d'ailleurs, quand tout le monde est
soldat, ou peut l'être, il ne peut y avoir esclavage, parce que l'on ne s'impose jamais à soi-
même un joug de fer; la subordination est un
peu plus grande dans le camp que sous le toit

paternel, et voilà tout. La domesticité est aussi
impossible que les autres espèces de servitude :
tout homme étant obligé de vivre du produit
de son travail, ce travail étant beaucoup au
dessous de ses forces, et sa fortune propor-
tionnée à ses besoins réels, il ne s'avisera point
de prendre des serviteurs qui lui seroient à
charge, et d'une très-médiocre utilité : quand
bien même il auroit la volonté de se décharger
de son fardeau sur un autre, outre que ce seroit une violation manifeste de la constitution,
aucun citoyen ne voudroit s'en charger, puisqu'il auroit les mêmes avantages que lui : s'il
vouloit prendre un étranger, comme il ne pourroit lui donner que la nourriture et l'entretien, il ne trouveroit, à ce prix, que des hommes que la société ne pourroit souffrir dans
son sein.

L'absence de toute espèce de servitude tarit
presque toutes les sources de l'oppression; nous
disons presque, car celle-ci peut exister sans
celle-là, jusqu'à un certain point; il suffit, pour
cela, que l'autorité se trouve entre les mains
d'hommes privilégiés, vains, jaloux ou impé-
rieux : les premiers, pour venger leur vanité
blessée, oppriment sourdement en refusant justice, toutes les fois qu'ils le peuvent sans com-

promettre leur réputation ; et les autres, d'une manière éclatante et insolente, pour le seul plaisir de faire parade de leur puissance : mais dans notre système, où l'on ne peut avoir d'autres droits et d'autre pouvoir que ceux que la loi détermine, et dont les dépositaires peuvent être mis en jugement sans l'autorisation d'un conseil d'État, toute vexation, tout acte arbitraire ou tyrannique, peut être, en général, regardé comme impossible.

Si les crimes ne trouvent aucune prise dans ce système, les vices n'y en trouvent pas davantage. Nous avons vu que ce sont les richesses et les dignités qui font naître dans le cœur humain ce sentiment d'estime excessif pour soi-même, et de mépris pour les autres, que l'on appelle orgueil ; que c'est l'abondance et la délicatesse des mets et des vins qui donnent lieu à ces excès de table également réprouvés par l'Evangile et la raison ; et que ce genre de vie allume, dans les veines de la jeunesse, une ardeur bouillante, qui aboutit, presque toujours, à un libertinage effréné. Ces conséquences trop naturelles de nos institutions présentes, sont si évidemment étrangères à celles que nous proposons, que ce seroit absolument temps perdu de le prouver. Mais nous ne pouvons nous dispenser de dire

un mot de l'envie : cette maladie de l'ame, si
commune parmi les hommes, causa, dans tous
les temps, les plus affreux ravages dans la grande
famille du genre humain : c'est à elle, en grande
partie, que nous devons ces inimitiés nationales
qui se sont manifestées, d'une manière si épou-
vantable, dans les longues et sanglantes guerres
qui ont désolé, surtout depuis cent cinquante
ans, les plus beaux pays du monde : l'on ne
peut nier qu'il est des nations en Europe si tour-
mentées par cette honteuse passion, qu'elles ne
peuvent voir aucunes richesses dans un autre
pays, sans les convoiter; aucune prospérité dont
elles ne cherchent à tarir ou empoisonner la
source; aucune puissance qu'elles ne désirent
abattre, ou tellement affoiblir, qu'elle ne puisse
rien faire sans sa permission : l'on en a vu détruire les plus belles productions du plus beau
sol du monde, afin d'être les seules à les posséder; d'autres ont effrontément porté la barbarie jusqu'à soutenir ouvertement la tyrannie,
et arrêter les progrès de la civilisation. Ce n'est
pas seulement de nation à nation, de province
à province, que cette funeste maladie étend sa
maligne influence; elle se glisse jusques dans les
villages, de voisin à voisin, et arme quelquefois le frère contre le frère; aussi, les moralistes

15

l'ont-ils toujours peinte avec les couleurs les plus noires, et sous les formes les plus hideuses. Cependant, leurs discours n'ont pas eu le moindre succès, parce qu'ils se sont mépris, peut-être à dessein, sur la source du mal : ils ont attribué ce vice à la perversité du cœur humain, tandis qu'il est la conséquence directe du régime gothique de nos barbares ancêtres ; l'on diroit que son but principal étoit de le fomenter. Parmi la noblesse, l'aîné héritoit de toutes les propriétés foncières de son père, et ne payoit point d'impôts : dans certains cantons, le fils aîné d'un roturier enlevoit les deux tiers et le préciput : dans d'autres, les garçons avoient tout, au préjudice des filles : il est vrai qu'en quelques pays, au moins, nous n'avons plus ces monstruosités morales, mais toutes les sources de l'envie n'y sont pas taries pour cela. Quels maux ne causent pas la jalousie de la faveur parmi les courtisans, et la possession des places entre les différens partis, et les différentes factions? Le bourgeois ne voit point d'un œil indifférent les priviléges de la noblesse, et les respects qu'exige l'homme en dignité : le pauvre, qui n'a pas où reposer sa tête, voit, avec une envieuse indignation, quantité d'excellens terrains condamnés à une stéri-

lité permanente, pour procurer à un pacha le
plaisir de la chasse; d'autres couverts de gazon,
sillonnés de promenades, dont toute l'utilité
consiste à donner quelquefois le change à l'ennui de la classe oisive? Croit-on qu'il puisse
voir, sans de violens accès de jalousie, ce luxe
effréné qu'on étale à ses yeux dans des équipages, des meubles et des vêtemens somptueux; le fruit de ses sueurs consumé dans des
fêtes et des orgies continuelles, par des hommes inutiles; tandis que lui, habitant une misérable crapaudière, environnée de halliers et
de boue; enfoncé, du matin au soir, dans un
cloaque pour en tirer les immondices; ou exposé,
presqu'au milieu des champs, à l'intempérie
des saisons, ne trouve, après douze ou quinze
heures d'un travail exterminant, qu'un morceau de pain noir, et un méchant grabat pour
reposer ses membres fatigués? Non, tout stupide
qu'il paroît, il fait ces comparaisons plus souvent
que l'on ne pense. Or, comme dans le système
en question, il ne peut y avoir ni faste insolent, ni cruelle oisiveté, ni dépense scandaleuse,
ni cette odieuse inégalité, qui fait les uns tyrans, et les autres victimes; l'on peut conclure,
en toute sûreté, que l'envie et ses effets n'y
pourront exister.

La chicane, autre fléau des sociétés actuelles, seroit à peine connue dans la nôtre. La plupart des procès viennent des propriétés, et cela parce qu'elles sont mal divisées, qu'il y a usurpation, que les droits sont douteux, ou que l'on manque à des conventions : toutes ces circonstances peuvent se trouver à la fois sur une seule propriété, dans le système actuel. Un homme peut acheter une ferme, dont les champs, éloignés les uns des autres, soient divisés par des haies dont la possession est contestable en tout ou en partie; ainsi, pour cela seul, il peut y avoir autant de procès qu'il y a de champs : d'un autre côté, on a peut-être empiété sur un terrain communal, sur un chemin, ou sur un voisin; un seul mot équivoque dans un contrat suffit pour commencer un procès interminable. La propriété territoriale n'est pas la seule qui soit sujette à la litige; les rentes ne le sont pas moins, et surtout les marchandises, soit faute de payement à temps, soit qu'il y ait de la différence entre la vente et la livraison, dans la quantité ou la qualité. D'après cela, on peut raisonner ainsi : S'il n'y avoit point de propriétés, il n'y auroit point de procès civils; ils diminueroient donc à proportion qu'il y auroit moins d'espèces de propriétés. Or, ces trois espèces, connues sous le nom d'argent, de rentes, et de marchandises proprement dites, n'existent point dans le nouveau système : voilà donc à peu près les trois quarts des procès abolis; mais l'autre quart, c'est-à-dire, ceux qui proviennent des propriétés foncières, est à peu près nul, ou sera tout au plus l'objet d'un arbitrage, parce que, si ce sont des haies qui partagent, celles qui seront à tel ou tel rumb de vent, appartenant à telle ou telle culture, il ne peut y avoir la moindre difficulté pour la possession : d'ailleurs, le degré de fertilité de la terre, une fois déterminé, la largeur de la culture fixée, les bornes posées, son étendue ne peut plus varier; étant, outre cela, inaliénable dès que la prise de possession est consommée, il est évident que l'on ne pourra être exposé à ces interminables disputes, où l'on perd son temps à se harceler réciproquement, et à alimenter des haines irréconciliables qui se perpétuent de génération en génération, et font de la terre un Enfer anticipé.

Le nouveau système offre encore un avantage dont nous ne sentirons pas les effets, mais qui n'en mérite pas moins l'attention d'un vrai philosophe, et ne peut manquer de plaire à

ceux qui ne sont pas insensibles au bonheur
de la postérité. Cet avantage n'est autre que
d'économiser singulièrement les métaux, et
surtout le fer, le plus précieux de tous. Ce seroit une bien triste société, que celle qui n'auroit que des pierres tranchantes pour bêches,
charrues, et autres instrumens de semblable
utilité; ses membres pourroient bien inventer,
mais jamais exécuter, elle ressembleroit plutôt
à une tribu de sauvages du Nouveau-Monde,
qu'à un peuple civilisé; ses bâtisses ne seroient
que des cabanes, son agriculture ne seroit
qu'ébauchée, et les autres arts resteroient nécessairement dans l'enfance; les productions
que de pareils instrumens pourroient faire
croître, ne suffiroient pas à la nourriture et à
l'entretien d'une bien grande population, probablement pas à la centième partie de celle
d'aujourd'hui; et, si les métaux venoient à
manquer, les vingt-cinq ou trente millions
d'hommes, que la France nourrit si aisément,
se verroient bientôt réduits à quelques cent
mille, sinon tout-à-fait anéantis. Cependant, un
pareil sort attend le genre humain; c'est un
malheur qu'il ne peut éviter de lui-même; il
y tombera nécessairement, s'il ne périt avant
par quelque convulsion de la nature. En effet,

si l'espace qui s'est écoulé depuis que l'on a
commencé à faire usage du fer n'est qu'un
point, en comparaison de ce que le monde a
encore à parcourir, les mines les plus fécondes
doivent finir par s'épuiser; l'on a tout lieu de
craindre qu'il n'y en ait que très-peu à découvrir dans les entrailles de la terre; beaucoup
des anciennes sont déja épuisées, et celles que
l'on exploite journellement avancent vers ce résultat avec une effrayante rapidité, vu l'énorme
consommation que l'on en a fait. Ce seroit
donc bien mériter de l'humanité en général,
que d'économiser ces précieux métaux en faveur des races futures, sans que la nôtre, ni
les intermédiaires en souffrissent. Or, nous pouvons assurer qu'aucun système, excepté le nouveau, ne peut atteindre ce but, parce que, dans
tous les autres, il y aura toujours des guerres
de terre et de mer dictées par la cupidité, et
toujours du luxe, tant qu'il y aura des richesses
et de l'orgueil; mais les guerres absorbent une
énorme quantité de fer et de cuivre, tant en
canons qu'en ferrures d'affût, de caissons, fers
à cheval, brides, étriers, fusils, pistolets, sa-
bres, épées, ancres, clous, boulons, enclumes,
marteaux, tenailles, fourgons, outils de toute

espèce, qui, tous, dans l'espace peut-être d'un demi-siécle, se trouvent réduits en oxide, rongés par le feu, ou anéantis par le frottement. Ces grandes consommations ne peuvent avoir lieu dans le nouveau système, puisqu'il n'y auroit que des guerres défensives, et que, dans celles-là, l'on auroit, pour toute artillerie, le mousquet. Outre cela, chacun étant obligé de se contenter du nécessaire, le fer et le cuivre ne seroient jamais prodigués en choses inutiles, ou de luxe; chacun auroit le plus grand soin de ses outils et ustensiles, à cause de la difficulté de s'en procurer aux magasins publics, qui n'en seroient peut-être pas toujours abondamment pourvus : d'ailleurs, les métaux réputés précieux, étant strictement prohibés comme monnoie ou objets de luxe, ils viendroient naturellement servir de supplément au fer et au cuivre, et retarderoient d'autant le déclin ou la chûte totale des sociétés, et peut-être la fin du monde elle-même. Nous n'osons nous flatter que la générosité de la plupart de nos contemporains soit assez grande, pour que la connoissance d'un mal, dont ils sont bien sûrs d'être à l'abri, les portent à favoriser le nouveau système; cependant, nous croyons qu'il y en a d'assez vertueux pour se laisser déterminer par cet accessoire, si leur volonté se trouvoit flottante entre l'ancien et le nouveau système.

CHAPITRE III.

Des Inconvéniens du Système proposé.

LES inconvéniens que l'on peut reprocher à notre système sont l'imperfection des arts et des sciences, la privation de toute espèce de luxe, celle du commerce, à peu de choses près, l'esprit d'indépendance, et le défaut de politesse. Il est impossible de ne pas convenir que les arts et les sciences doivent rester dans un état de stagnation, chez un peuple où tout individu bien constitué est obligé, par les lois civiles et religieuses, de vivre du produit de son industrie. Les novateurs eux-mêmes sont forcés d'en convenir : bien plus, quoique les hautes sciences aient autant servi, jusqu'ici, à opprimer ou à détruire les hommes, qu'à les soulager, ils reconnoissent qu'elles sont extrêmement utiles, surtout dans un système oppresseur, parce qu'elles éclairent les hommes sur leurs vrais intérêts, leur montrent leurs devoirs et leurs droits, et forcent leurs maîtres à user de leur pouvoir avec modération. Mais dans le nôtre, disent-ils, où les lois sont claires, précises, peu nombreuses, et toutes puisées dans la nature, où tout est prévu, où il n'y a presque aucun germe de guerre ni de discorde, où tout le monde est suffisamment instruit, où personne ne l'est trop, où le travail et les moyens de subsistance sont à peu près également répartis entre tous les citoyens, les hautes sciences ne seroient véritablement utiles que dans le cas où elles pourroient changer les feuilles d'arbres en vêtemens, le sable en pain, et les pierres en instrumens d'agriculture. Ils disent à peu près la même chose des beaux-arts, du luxe et du commerce : un petit nombre de riches possédant toutes les terres dans la plupart des pays, si les artistes ne rançonnoient pas leur vanité par des chef-d'œuvres; les manufacturiers et les joailliers, leur faste, par des bijoux et des meubles somptueux, des tissus d'un prix exorbitant; et les négocians, leur friandise, par des productions étrangères, ils pourroient, par caprice, apathie ou méchanceté, laisser une grande partie de leurs propriétés en friche, affamer les deux tiers de la population, ou les réduire à l'état des *boors* de Russie et de Po-

logne; mais c'est le seul véritable bien que font
les beaux-arts, le luxe et le commerce, parce
que le pain ni la viande ne sont ni meilleurs,
ni en plus grande quantité, pour avoir été ga-
gnés dans l'atelier d'un peintre, d'un sculpteur,
ou d'un manufacturier, ou dans une boutique.
Le blé n'augmente pas dans un vaisseau; les
viandes et les étoffes, au lieu de se bonifier
dans un magasin ou en passant la mer, s'y dé-
tériorent souvent: les arts et le commerce ne
font donc que d'arracher au riche une partie
de son superflu, pour le faire acheter bien cher
au pauvre. Chez nous, ajoutent-ils, il n'est pas
nécessaire d'avoir recours à des voies si tor-
tueuses, à des moyens aussi précaires, pour assurer la subsistance de tout le monde; nous
arrivons bien plus naturellement, bien plus
promptement, et bien plus sûrement à ce but,
en assignant à chaque famille précisément autant de terrain qu'il lui en faut pour la faire
jouir d'une honnête abondance. L'esprit d'indépendance, qui est un fléau dans votre système, est une vertu dans le nôtre, parce qu'il
est une marque certaine que l'homme sent sa
dignité, qu'il est disposé à la soutenir contre
quiconque chercheroit à l'avilir, et à marcher
d'un pas ferme et durable dans les sentiers de

la véritable sagesse. Ce que vous appelez politesse, dont les premiers fruits sont la dissimulation et le mensonge, ne peut exister chez
nous; mais il ne faut pas croire que nos citoyens puissent jamais tomber dans la rusticité
grossière des paysans de vos nations les plus
civilisées; notre éducation, nos lois et nos
mœurs, y mettent des obstacles invincibles.
Ainsi, concluent-ils, la plupart des choses,
qui sont pour vous d'insignes avantages, seroient pour nous de funestes présens : l'on ne
verra pas chez nous de palais magnifiques;
mais l'on n'y verra pas non plus de sombres
crapaudières servir d'habitation à l'homme; si
personne ne peut y passer sa vie dans les festins et une molle oisiveté, personne n'y est
exposé à mourir de faim, ni écrasé sous le poids
d'un travail insupportable; si nous n'avons pas
sous les yeux les images des grands-hommes ou
des grands scélérats, nous ne voyons autour
de nous que des citoyens sages, et des femmes
vertueuses : nos oreilles ne sont sans doute pas
chatouillées par les doux sons d'une musique
voluptueuse; mais aussi elles ne sont pas dé-
chirées par les plaintes des mendians et les
cris des suppliciés : nous n'avons pas vos belles
boutiques remplies de vases, d'ornemens,

d'étoffes et de meubles précieux; mais nos
champs et nos routes ne sont pas palissadés de
carcans et de potences : nous ne connoissons
pas vos parures élégantes; mais personne n'est
exposé à la nudité ou à se vêtir de misérables
haillons : si nous n'avons pas vos spectacles,
nous avons celui de nos belles campagnes, bien
distribuées, et couvertes de riches moissons,
doux espoir d'une multitude innombrable de
mortels heureux : si nous n'avons pas vos plaisirs violens, nous n'avons pas vos dégoûts ni
vos poignantes douleurs : enfin, si nous vivons
sans gloire, nous mourons sans trouble et sans
opprobre.

Appel à la Raison et à la Conscience du Lecteur.

Maintenant que nous avons montré le fort
et le foible des deux systèmes, nous sommons
tous ceux devant qui nous plaidons ce grand
procès, de nous dire, si Dieu nous a donné
la raison pour nous conduire, ou pour nous
égarer et duper les autres? L'esprit, pour démasquer le crime, ou pour le justifier? La parole, pour faire triompher la vérité ou le mensonge? Les mains, pour travailler ou pour tor-
turer et égorger nos semblables? Des pieds, pour

marcher ou pour danser? Des viscères, pour soutenir notre existence, ou pour boire et manger
continuellement? Des organes, pour diriger nos
actions, ou pour entendre des concerts, admirer
des statues, des colonnes et des pyramides?
Nous les sommons, enfin, de nous dire en conscience, lequel, des deux systèmes, est le plus
conforme à la nature de l'homme? Le nouveau
aura sans doute pour lui tous ceux qui gémissent dans la misère et l'esclavage, les victimes du luxe et de la vanité; il aura le suffrages
des Fénélon, des Franklin, et de tous ceux qui
ne sont pas assez corrompus pour haïr la vertu,
quoiqu'ils n'aient pas le courage de suivre l'un
et de pratiquer l'autre; il aura encore celui des
juges humains et équitables, et de tous les vrais
ministres de la religion; mais il aura contre lui
tous ceux qui ont l'insupportable orgueil de se
croire faits tout exprès pour concentrer en eux
seuls la somme du bonheur général; qui croient
avoir seuls le droit de commander, de faire des
lois, et de n'obéir à aucune, par cela seul qu'ils
sont sortis de telle ou telle personne; les des-
potes, qui se jouent de la vie des hommes; les
tyrans, qui se font un jeu de leurs souffrances;
les avares, qui ne connoissent d'autre félicité,
que celle de contempler des tas d'or; les gour-

mands, qui se font un dieu de leur ventre; les
libertins, qui mettent le souverain bien dans
la satisfaction de leurs fougueux désirs; les impies, qui ne craignent ou n'espèrent rien après
leur mort; les juges cruels ou iniques, qui
suivent à la lettre des lois de sang, ou qui font
pencher la balance du côté du plus fort; les
mauvais prêtres, qui préfèrent une vie déli-
cieuse à la frugalité évangélique, et les biens de
ce monde à la félicité de l'autre. Ces égoïstes
ne manqueront pas de déterrer tous les sophismes surannés du charlatanisme et de la
cupidité, pour dénigrer ce système, et justifier
celui qui leur procure tant d'avantages tempo-
rels. Mais nous demandons à ceux auxquels il
reste quelques étincelles de foi, ce qu'ils répon-
dront au Souverain Juge, lorsqu'il leur demandera pourquoi ils ont soutenu, contre leur
conscience et leur religion, un système qui em-
pêcha de naître tant de millions d'hommes, qui
auroient pu jouir de ses bienfaits sur la terre,
et chanter ses louanges dans l'éternité? Pourquoi
ils ont connivé à l'oppression des deux tiers
de ceux que ce système n'a pu empêcher de
voir le jour? Pourquoi ils ont imité ces vils
esclaves, qui ne sont pas plutôt affranchis du
joug de la servitude, qu'ils méprisent leurs

anciens compagnons d'infortune, et les traitent
plus cruellement qu'ils ne l'ont été eux-mêmes?
Pourquoi enfin, après avoir tonné contre les
richesses, la sensualité, la vengeance, l'orgueil
et l'injustice, ils ont employé toutes les ruses
imaginables pour s'enrichir; passé une partie
de leur vie dans les festins; cherché, avec tant
d'avidité, les honneurs et les dignités; absous
des maîtres cruels et iniques; appelé la vengeance du ciel et de la terre sur ceux qui admettent des principes qu'ils suivoient eux-
mêmes deux jours auparavant, et pavé, par
cette conduite inconséquente, le chemin de
l'impiété? Ne doivent-ils pas trembler d'épou-
vante à la seule idée que le ciel, la terre, et le
néant lui même, s'éleveront un jour contre
eux, pour les accuser, les condamner, et les
confondre!

CHAPITRE IV.

Des Objections.

Première objection. — S'il est des vérités
qu'il n'est pas bon de dire, celles que contient
cet Essai sont du nombre : donc, vous n'auriez
pas dû les dire.

Réponse. — Bien des personnes nieroient
tout plat la vérité de cette proposition banale;
car le soleil ne doit pas cesser de luire, parce
que sa lumière offense les yeux foibles, ou est
inutile aux aveugles : elles pourroient dire que
tout système qui ne peut supporter la lumière
de la vérité est nécessairement fondé sur l'im-
posture. Cette assertion est d'autant plus vraie,
que tous les gouvernemens permettent ou défendent qu'on la dise, selon qu'ils approchent
plus ou moins de notre système; mais nous nous
contenterons de distinguer cette propositson :
si un homme avoit été réduit à la mendicité
par la calomnie d'un autre à lui inconnu, il
seroit imprudent, sans doute, de le lui faire
connoître sur le champ, parce que, dans sa
première fureur, il pourroit, au risque de
pousser la vengeance trop loin, usurper l'office des tribunaux chargés de le venger; mais,
s'il n'existoit pas de pareils tribunaux, et que le
délateur, après avoir été dûment averti de se
rétracter, et du danger qui le menace, s'obsti-
noit à ne pas le faire, seroit-ce un crime de le
faire connoître à la victime, en lui recomman-
dant d'avoir recours à toutes les voies de douceur possibles, avant d'en venir aux voies de
fait? Ne seroit-ce pas même un devoir, tant

16

pour faire cesser l'injustice présente, que pour en prévenir de nouvelles? Il nous semble que les lois sur la révélation des complots contre l'Etat, qui vont bien plus loin, sont fondées sur ce principe : si donc la vengeance de cet homme justement irrité excède le crime par l'obstination du délateur, celui-ci ne porte-t-il pas la peine de sa noire méchanceté? Aura-t-il le droit de crier à l'injustice et à la cruauté, lui qui le premier en a donné l'exemple? Eh bien, il n'y a et ne peut y avoir d'autre tribunal que l'opinion publique, dans l'affaire dont il s'agit. Nous commençons par avertir les riches de leurs torts, et leur offrons les moyens de les réparer; nous recommandons assez la modération aux personnes lésées, en leur donnant pour guides la raison, la justice, l'humanité et la religion : donc, nous pouvons, et peut-être devons-nous, révéler ces vérités.

Deuxième objection.—Les novateurs prétendent que leur système est on ne peut plus conforme aux desseins de Dieu sur l'homme; mais, au contraire, il les contrarie; car il tend à le faire jouir ici-bas de tout le bonheur dont sa nature est susceptible, ce qui l'attacheroit trop à la terre, et lui feroit négliger son salut. L'homme, ayant perdu le Ciel par sa prévari-

cation , a été condamné à le reconquérir par
sa patience à endurer tous les maux qu'il plaît
à Dieu de lui envoyer, et à n'arriver qu'à
travers les croix, les peines et les afflictions,
dans la céleste patrie, seule place où il veut
qu'il soit heureux.

Réponse. — Le bonheur que les novateurs
cherchent à procurer aux hommes ne contrarie nullement le dessein de Dieu sur eux;
il n'est point assez grand pour les attacher à la
terre, au point de leur faire négliger le Ciel; il
ne les exempte, d'ailleurs, que des maux qu'entraînent la tyrannie et l'oppression, et non de
ceux qu'il plaît à Dieu de lui envoyer; tout ce
qu'ils veulent leur procurer n'est rien autre
chose que ce qu'un Créateur juste et sage n'a pu
manquer d'accorder à une créature raisonn-
nable; c'est-à-dire, une bonne nourriture et un
bon entretien, comme fruit de son travail; et
la tranquillité, comme prix d'une conduite
conforme à la règle qu'il a placée dans son
cœur. Si une telle félicité est incompatible avec
le salut, il s'ensuivra qu'on ne peut le faire
qu'en mourant de faim ou de froid, ou en
vivant dans des persécutions continuelles;
mais, dans ce cas, les rois, les princes, les seigneurs, et presque tous les riches, seroient

donc nécessairement autant de réprouvés, à
moins qu'on ne les regardât comme des bourreaux spécialement chargés de tourmenter leurs
semblables, pour les conduire plus sûrement
au Ciel; mais Dieu étant obligé, en bonne justice, de récompenser ces bourreaux pour avoir
rempli leur devoir on ne peut mieux, tous les
autres hommes ne pourroient-ils pas lui dire :
« Seigneur, pourquoi ne nous avez-vous pas
fait bourreaux plutôt que victimes? A coup
sûr, nous aurions gagné le Ciel, puisqu'il n'auroit fallu, pour cela, que tourmenter les autres,
et s'empiffrer à leurs dépens. » S'il leur décla-
roit qu'il les a faits pour être tourmentés ici-bas,
sauf à les récompenser là haut, blasphéme-
roient-ils, si, voyant le salut de leurs persé-
cuteurs encore plus sûr que le leur, ils
s'écrioient : « *Omnia mandata tua non sunt
æquitas.* Car nous n'avons pas plus démérité
qu'eux, et eux n'ont pas plus mérité que nous
avant leur naissance. » En vain leur diroit-il
qu'ils manquent de soumission, parce qu'un
vase n'a pas droit de demander à l'ouvrier pourquoi il l'a fait un vase d'ignominie, plutôt
qu'un vase d'élection, ils ne pourroient s'empêcher de dire, au moins en eux-mêmes : « Ce
n'est pas notre faute, c'est celle de notre raison

ou de votre inconséquence : dans le premier
cas, il ne falloit pas nous la donner; dans le second, ne pas vous contredire. » Ainsi, de deux
choses l'une, ou cette objection est nulle, ou
elle seroit une source intarissable d'impiété.

Troisième objection. — Vous mettez toujours
la raison en avant, comme si elle étoit absolument nécessaire à l'existence des sociétés;
cependant l'expérience fait voir qu'elles peuvent très-bien exister sans elle, car aucun ne
l'a encore jamais bien suivie.

Réponse. — Cela rend raison de tant de fatales bévues, que la plupart des peuples ont
faites, et des calamités qu'ils ont éprouvées.
Au reste, si cette assertion est vraie, elle prouve
qu'il n'y a encore eu que des barbares sur la
terre; car l'on ne conçoit pas qu'un peuple,
vraiment civilisé, aimât mieux aller à tâtons,
que de marcher à la clarté d'un flambeau qui
ne lui a été donné que pour se conduire.

Quatrième objection. — Vous trouvez mauvais qu'on donne exclusivement aux riches
les places et le pouvoir législatif et judiciaire;
cependant on sait, par expérience, que, si les
pauvres participoient au gouvernement, tout
seroit perdu.

Réponse. — Nous trouvons mauvais qu'on

donne les places aux riches, parce qu'on y
attache de forts émolumens provenans d'impôts levés sur la misère et l'industrie, et qu'il
n'est ni convenable ni juste d'ôter où il y a
trop peu, pour mettre où il y a déja trop : si
les riches vouloient remplir consciencieuse-
ment les places gratis, nous ne trouverions pas
mauvais qu'on les leur donnât, et il nous semble
qu'il n'y auroit pas d'injustice à les y obliger,
ou à leur faire payer leurs remplaçans; car le
moins qu'ils puissent devoir à une société qui
leur assure la tranquille possession de cent
fois plus de propriétés qu'il ne leur en faut
pour vivre décemment, est au moins de lui
consacrer une partie de leur temps ou de
leur énorme fortune : cela est bien plus naturel
et bien plus juste que de nous faire payer bien
cher des hommes, pour veiller, presque exclusivement, à leurs intérêts et à ceux de leur
caste. Quant à la seconde partie de l'objection,
nous croyons qu'on y abuse un peu des termes; car l'épithète *pauvre* emporte l'idée d'une
ignorance trop grande pour cela. Il est vrai
que la France a été gouvernée, pendant vingt
ans, par des hommes peu fortunés; mais ces
hommes ne sont pas plus partisans du désordre
que d'autres, parce que, s'ils n'ont pas de

grandes richesses, ils en attendent, ou qu'ils
ont des places qu'ils n'ont pas envie de perdre;
ce qui arriveroit infailliblement, s'ils ne main-
tenoient pas tout dans le plus grand ordre. On
nous dira sans doute que les Jacobins avoient
des places, et n'en étoient pas moins bien pro-
digues de désordres, nous en conviendrons
aisément. Mais, dans quel dessein? Quel étoit
le but de leur régulateur suprême? N'étoit-ce
pas de dégoûter les Français du régime républicain, afin de leur faire demander un chef
unique, soit lui, ou quelqu'un de son choix?
Oui, sans doute; car, quand l'on chérit une
institution, et que l'on veut la faire chérir
aux autres, l'on se donne bien de garde de
chercher à l'affermir par des horreurs qui
doivent nécessairement la faire détester. Est-il
un homme réfléchi qui croye Roberspierre
républicain, après avoir fait guillotiner un général qui s'offroit à soumettre la Vendée en
deux mois? S'il l'eût été, auroit-il fait exterminer, par détachement, la belle et brave armée de Mayence; et envoyé Westermann à
l'échafaud, après sa victoire du Mans? Cus-
tine, Houchard, Beauharnais, et Madame Rol-
land, n'ont-ils pas payé de leur vie leur sincère attachement à la république? L'on conçoit

qu'un républicain voulût se défaire des Cor-
deliers; mais il n'auroit jamais proscrit les Gi-
rondins, quand bien même ils auroient été
fédéralistes, car le fédéralisme est le vrai régime
des grandes républiques : c'est leur meilleure
sauve-garde contre l'usurpation, vu que cinquante ou cent assemblées départementales ne
peuvent jamais consentir, à la fois, à leur anéantissement politique. C'est parce que Roberspierre étoit convaincu de cette vérité, qu'il
faisoit tant hurler la République une et indi-
visible. Ce n'étoit donc point à cause de leur
pauvreté, que les chefs jacobins étoient sanguinaires; mais pour établir une monarchie
quelconque; et ils n'y ont pas mal réussi, seulement ils peuvent se dire : *Sic nos non nobis.*

Cinquième objection. — Vous avez l'air de
condamner la subordination; c'est cependant
Dieu lui-même qui en a posé les fondemens,
en subordonnant la femme à l'homme, les enfans au père, et les foibles aux forts.

Réponse. — Nous ne condamnons pas toute
espèce de subordination; nous savons que la
société ne pourroit exister sans elle : nous
croyons aussi que Dieu a donné certains avantages aux plus forts et aux plus expérimentés;
tels sont ceux de pouvoir protéger les foibles,

et diriger les ignorans : nous ne condamnons
que celle qui tend directement ou indirectement à priver les hommes de leurs droits imprescriptibles, et à pouvoir les opprimer impunément.

Sixième objection. — Vous vous déchaînez
contre l'esclavage, comme s'il étoit contraire à
l'Évangile; cependant, les Apôtres recommandoient aux esclaves d'obéir à leurs maîtres; ce
qu'ils n'auroient pas fait, si l'esclavage eût été
une chose inique : d'ailleurs, Dieu lui-même
n'en a-t-il pas donné le type dans la création,
en nous accordant un pouvoir, plus que despotique, sur tous les animaux.

Réponse. — Les Apôtres recommandoient aux
esclaves l'obéissance à leur maître, comme un
père recommanderoit à ses enfans d'obéir à
un tyran, plutôt que de s'exposer à une mort
certaine, ou à de cruels tourmens; mais ils ne
leur auroient pas défendu même de s'affranchir, s'ils l'avoient pu faire avec sûreté, calme
et tranquillité; car l'on peut faire, de cette
manière, tout ce qui ne répugne ni à la raison,
ni à l'équité, et qui n'est pas mauvais en soi.
Or, il ne répugne point à la raison qu'un homme
enchaîné brise ses fers, quand il le peut faire
de la manière ci-dessus; ni à l'équité, qu'il

s'exempte de payer ce qu'il ne doit pas : et
certes, il ne doit rien à celui qui l'achète des
mains d'un brigand. L'affranchissement n'est
d'ailleurs pas mauvais en soi : au contraire, le
pape Saint-Grégoire, interprète compétent de
l'Écriture Sainte, pressoit les maîtres d'éman-
ciper leurs esclaves : 1.º parce qu'ils avoient
les mêmes droits qu'eux à la liberté; 2.º parce
qu'ils avoient été rachetés par le même sang, etc.
Quant au pouvoir despotique que nous exer-
çons sur les animaux, c'est une question que
nous n'entreprendrons pas d'approfondir; nous
observerons seulement qu'il est des pays où
l'on est mis à l'amende pour trop maltraiter un
animal publiquement. Mais, en supposant que
Dieu ait condamné le cheval et le bœuf à être
l'esclave de l'homme, s'ensuit-il qu'il a condamné une partie du genre humain à être
l'esclave de l'autre? Si cela étoit, l'homme seroit d'une pire condition que la brute; car, si
le cheval est esclave, au moins c'est d'un être
qui lui est supérieur par sa nature. Au reste,
si les partisans de l'esclavage ne sont pas convaincus par nos raisons, qu'ils se supposent
eux-mêmes des esclaves, et qu'ils nous disent,
après cela, s'ils ne les trouveroient pas plus
concluantes que les leurs.

Septième objection. — Le docteur Paley, après avoir peint le système actuel sous les couleurs les plus noires, en tire une conséquence tout-à-fait opposée à la vôtre. « Il faut, dit-il, qu'il y ait quelque chose de bien excellent dans ce système, pour avoir existé si longtemps avec tant d'anomalies. »

Réponse. — Il nous semble que c'est plutôt la violence et la ruse qui l'ont soutenu si longtemps, que sa propre excellence. Mais nous allons rapporter le sens du passage en question, pour mettre le lecteur à portée de juger si la conséquence que le docteur tire est naturelle : « Supposez, dit-il, un pigeon, peut-être le pire de toute la volière, perché sur un tas du plus beau grain possible, ramassé par d'autres ; et, loin de leur laisser prendre tout ce qu'il ne peut manger, il place, autour de ce tas, un certain nombre d'autres pigeons auxquels il donne une partie de son superflu, pour les engager à repousser les autres à grands coups de bec, et le forcer à se contenter de la paille, ou à mourir de faim ; telle est l'image de nos sociétés, etc. » Ne seroit-il pas plus naturel de conclure qu'il y a quelque chose de bien infernal dans un système dont cette comparaison est la fidèle image, que de dire qu'il y a quelque chose de divin ?

Huitième objection. — Il résulte de cent passages de votre Essai, que l'on ne peut faire son salut dans le système actuel ; cependant, il étoit dans toute sa vigueur, quand on canonisa tant de Saints dont les noms remplissent nos liturgies : bien plus, il se trouve parmi eux plusieurs têtes couronnées : donc vous êtes hérétique, ou vous ne savez ce que vous dites.

Réponse. — Nous n'avons voulu ni pu dire que personne ne peut faire son salut dans le système actuel ; car la raison, que nous suivons pas à pas, nous dit assez clairement que ceux qui en souffrent ne peuvent, en même temps, être ses victimes et responsables de ses fatales conséquences : elle nous dit encore que, parmi ceux qui n'en souffrent pas, ou même qui jouissent de ses avantages, il y en a beaucoup qui, loin d'y soupçonner la moindre iniquité, croyent, au contraire, qu'il est très-équitable : d'autres sentent bien ce qu'il a de défectueux ; mais ils s'imaginent qu'il est impossible d'y remédier ; d'autres, enfin, gémissent aussi sur ses fatales conséquences, et cependant n'osent essayer de le détruire, pas même de le déprécier, jus-

qu'à ce que l'on en ait préparé un autre, dans
la crainte, bien ou mal fondée, de tomber dans
l'anarchie. Tous ces motifs, s'ils sont sincères,
suffisent pour justifier ceux qu'ils affectent.
Ainsi, des différentes classes d'hommes qui
composent la société, nous admettons que les
deux tiers peuvent aisément faire leur salut
dans le système actuel, et qu'une grande partie
de l'autre ne peut tomber sous l'anathème,
que dans le cas où elle persisteroit dans ses sentimens actuels, quand ses erreurs et ses craintes
seront dissipées. Nous ne condamnons donc
que ceux qui, connoissant le fort et le foible
du système actuel, continuent de l'appuyer directement ou indirectement. Nous ne croyons
pas que l'on soit autorisé à nous accuser d'hé-
résie ni de délire pour cela : il nous semble, au
contraire, que nous aurions droit de faire tomber sur nos accusateurs l'imputation de mauvaise foi, d'hypocrisie, et même d'impiété; car
l'Évangile déclare formellement que nul ne
peut entrer dans le Ciel l'ame souillée de quelque
crime : or, en est-il de plus grand que de prêcher une doctrine diamétralement opposée à
ses maximes, et qui tend à le faire regarder
comme un vrai charlatanisme? Que de soute-

nir, par le fer et par le feu, par la terreur et
la séduction, ou des discours censés religieux,
un système que l'on reconnoît, dans son cœur,
pour être un arsenal de vices, d'injustices crian-
tes, d'oppression et de tyrannie? L'Évangile fait
même un crime de rester dans l'occasion prochaine du péché : que doit-on, après cela, penser
de ceux qui cherchent à s'ancrer au milieu des
richesses et des dignités, sources de tant d'orgueil, de corruption, de débauche et d'oisiveté? De ceux qui, nageant déja dans l'opulence, se parquent encore sur l'industrie des
autres, disposent de leurs biens, sous des pré-
textes si frivoles ou si iniques, qu'ils ont honte
de les avouer? Quant aux rois canonisés, cela
ne prouve rien; car ce n'étoit point pour leur
adhésion aux principes du système actuel, mais
bien pour s'en être écartés; sans quoi, l'on pourroit croire que les canoniseurs ont prévariqué.
Ce n'étoit pas pour avoir assassiné Urie et dé-
bauché sa femme, que David a été mis au nombre des saints prophètes, mais pour s'être sincèrement repenti de ces deux crimes, auxquels
le poussoient la plupart de nos barbares institutions.

Neuvième objection.—Vous criez bien haut

contre ceux qui cherchent à lier les peuples
par des sermens; mais ne liez-vous pas vous-
même la postérité par vos règlemens?

Réponse. — Nous pourrions chercher à lier
la postérité, même par des sermens, sans mériter le reproche que nous vous faisons, parce
qu'il est évident que ces sermens seroient prêtés
dans l'intérêt du bien public, et contre notre
intérêt privé. Il est vrai que nos adversaires
savent prétexter le seul bien public, quand ils
n'ont en vue que leur intérêt particulier; mais
personne n'en est dupe, parce que le dernier
est aussi évident que le premier est probléma-
tique. Cependant, nous ne lions point la postérité par nos lois, nous n'en avons ni la volonté
ni le pouvoir, car aucun législateur ne peut
lier une société entière; si elle suit exactement
ses règlemens, c'est qu'elle y trouve son compte;
et des lois, où une société comme la nôtre trouve
son compte, sont nécessairement bonnes : à la
vérité, nous en avons proposé plusieurs dont
les principes sont tellement invariables, que
nous prédirions avec certitude la ruine de la
société, si elle les méprisoit; mais nous sommes
si loin de fermer la porte à l'amélioration, que
nous trouvons souverainement ridicule qu'un
peuple se croye lié par des constitutions su-

rannées, quoique très-avantageuses dans le temps qu'on les fit : bien plus, nous croyons qu'il est inutile à un père de lier ses enfans à aucune constitution politique, parce que, de deux choses l'une, ou l'objet du pacte est conforme à la droite raison, ou il ne l'est pas : dans le dernier cas, le pacte est nul de plein droit; dans le premier, ses enfans sont tenus de faire ce que la raison exige, soit qu'il y ait pacte ou non de sa part.

Dixième objection. — Tous vos principes tendent à détruire nos illusions : cependant Barthélemy, qui entendoit bien ces matières-là, dit, dans son Anacharsis : « Malheur à qui voudroit détruire ces illusions théâtrales, etc. »

Réponse. — Si Barthélemy a voulu parler de celles qui nous font préférer notre situation à celle des autres, le pays qui nous a vu naître au plus beau lieu de la terre, qui nous font toujours attendre un avenir plus heureux, ou qui, dans notre jeunesse, nous font trouver des charmes où il y en a quelquefois très-peu, il a eu raison : c'est un des plus grands trésors de l'homme; mais, dans ce cas, son anathème étoit parfaitement inutile; car notre vie est remplie de ces sortes d'illusions, qu'aucun discours ne peut tarir ni faire naître; elles affectent la bergère au milieu des plaines les plus arides, comme la petite maîtresse au milieu des bals et des spectacles les plus magnifiques : s'il entend ces illusions qui nous font prendre certains hommes pour des Dieux, la pompe pour de la vraie grandeur, respecter quelqu'un pour son habit, ses richesses, etc., nous ne balançons pas à dire que de telles illusions ne peuvent être trop tôt détruites, étant, de l'aveu d'une femme du monde assez célèbre, la source d'un grand nombre de malheurs, de crimes et de bassesses. Dans ce sens, nous ne craignons pas de signaler Barthélemy comme un faux philosophe, un charlatan politique, l'adorateur du pouvoir, et le flagorneur des riches.

Onzième objection.—Vous faites de la terre un vaste champ qui offriroit un coup-d'œil aussi triste, que votre prétendu bonheur est insipide.

Réponse. — Le bonheur que nous offrons est tel, que les quatre-vingt dix-neuf centièmes des hommes seroient très-aises d'en jouir : il est vrai qu'il seroit insipide pour ceux qui ont été élevés dans l'oisiveté, le luxe et la mollesse, quoique ce genre de vie leur coûte bien des infirmités ; le bonheur dont ils jouissent par momens seroit distribué dans le cours de

17

la longue carrière des autres, sans presqu'aucun mélange de mal ; d'ailleurs, ne vaut-il pas
mieux qu'une personne sur cent soit privée de
concerts, de spectacles, de jeux, et de mille
superfluités, que quatre-vingt dix-neuf de pain,
d'habits, et autres choses de première nécessité,
un seul jour? Ce vaste champ, qui vous paroît
si insipide, se présente à nos yeux sous des
couleurs bien différentes ; nous croyons qu'il
n'y a pas de spectacle plus ravissant. Supposez
qu'un homme sensible aperçoive, du sommet
d'une colline, un pays tel que seroit celui de
notre société, c'est-à-dire, divisé en cultures
bien régulières, bornées par des rangées d'arbres bien alignés, couvertes de riches moissons,
de nombreux troupeaux ; coupé, de demi-
lieue en demi-lieue, par des chemins bien
droits, bordés d'un grand nombre de jolies
maisons propres, commodes, uniformes, et habitées par une multitude de personnes simples,
mais qui n'auroient jamais connu la misère, ni
aucun genre d'esclavage, pourriez-vous nier
que ce spectacle auroit pour lui plus de charmes
que de voir, d'un côté, des parcs, des forêts,
remplis de bêtes fauves, quelques gazons bien
peignés, mais stériles, autour d'un amas de
donjons et autres bâtimens, la plupart inutiles,

et, de l'autre, de misérables cabanes amonce-
lées les unes sur les autres, prêtes à s'écrouler
sur les malheureux qu'elles recellent, et des
chemins tortueux remplis de boue, conduisant
à des recoins mal clos et à demi-couverts des
plus chétives productions? D'ailleurs, ne peut-
il y avoir de fleurs que dans des parterres symé-
triques? Qui empêcheroit nos heureux colons
d'en orner leurs potagers? Ne pourroient-ils
pas mêler à l'aube-épine, sur le bord des chemins, les différentes espèces de rosiers, le genêt
d'Espagne, le jasmin, le seringat, le lilas, le
citise des Alpes, et cent autres arbustes qui
embaumeroient son habitation, et enchante-
roient les sens du voyageur.

Douzième objection. — Votre système est impraticable et plus cruel que celui auquel vous
voulez le substituer; car, le moyen de réduire
à environ deux mille francs de revenu tant de fortunes qui sont au dessus? Et, quand on pourroit le faire, sans s'exposer à ces convulsions
politiques dont l'imagination de toute l'Europe
est encore épouvantée, cette prétendue justice
seroit le comble de l'injustice, parce qu'il est
prouvé qu'une personne accoutumée à un certain genre de vie, ne peut le quitter, sans le
danger le plus imminent pour sa santé.

Réponse. — Nous convenons que ce seroit une cruauté impardonnable de condamner aux travaux rustiques, et à une grande frugalité, des personnes qui n'ont jamais fait aucun travail manuel, qui sont nées ou vieillies dans un luxe raffiné; mais nous croyons qu'elles doivent, en conscience, élever leurs enfans dans l'amour du travail, de la justice et de la sobriété, et se priver elles-mêmes, en faveur des pauvres, au moins, de toutes les choses qui sont de pur luxe, et plus nuisibles qu'utiles à leur santé; mais, comme l'amour-propre se fait toujours illusion, et se détermine rarement de lui-même à de pareils sacrifices, il faudroit le forcer à s'y résoudre par des moyens dont il ne pourroit contester la justice : le meilleur de tous seroit de répartir les impôts à proportion de l'accumulation des fortunes; ceux qui ont moins d'une double pistole de revenu ne seroient point imposables; ceux qui l'ont payeroient 1 centime par an; ceux qui en ont 2 en payeroient 4, c'est-à-dire, 2 centimes par double pistole; ceux de trois, 3, et ainsi de suite : d'où il suit que le propriétaire de 2000 francs de rente en payeroit le vingtième, et celui de 4000 le dixième : mais, comme cette base de progression est trop rapide, l'on chercheroit

les nombres par le moyen desquels 8,000 francs
payeroient le huitième, 16,000 francs le sixième,
32,000 le quart, 50,000 le tiers, 100,000 la
moitié, 200,000 les deux tiers, 300,000 les dix-
sept vingt-quatrièmes, 400,000 les trois quarts;
et le surplus des fortunes de 400,000 francs de
rentes seroit divisé en portions, comme il a été
dit, et distribué aux familles laborieuses qui
n'ont rien, à condition qu'elles se conforme-
roient, autant que possible, aux règlemens ci-
dessus. S'il y avoit des millimes, au lieu de
centimes, la répartition seroit encore plus équitable, et surtout plus simple, parce que l'on
ne seroit pas obligé de changer si souvent de
progression. Si les riches prétendoient que ce
mode de répartition est injuste, il seroit aisé
de leur prouver que l'injustice est en leur faveur; car il resteroit encore au propriétaire
de 400,000 francs de rente, après avoir payé
les impôts, de quoi satisfaire à un luxe effréné,
tandis que celui de 300 francs seroit obligé de
prendre sur le plus stricte nécesssaire, pour
payer ses 8 francs 25 centimes. Il est d'ailleurs
très-naturel que celui qui perdroit le plus à la
dissolution de la société fasse de plus grands
sacrifices que celui qui n'y perdroit rien, ou
qui pourroit y gagner. Cette répartition, ren-

dant les grandes propriétés à charge, l'on verroit bientôt une grande quantité de ventes et
de parens distribuer, de leur vivant, une
grande partie de leurs biens à leurs enfans : en
ce cas, le *maximum* de la fortune du dona-
taire ne pourroit excéder 16,000 francs de
rente. Un autre moyen d'accélérer la diminu-
tion des fortunes seroit de faire une loi portant
qu'un homme opulent, qui voudroit épouser
une fille riche, abandonneroit le bien d'une
des parties aux indigens. Par le moyen de ces
deux opérations, les fortunes se trouveroient
bientôt réduites sans secousses, et sans compromettre la santé de personne. Ce système
n'est donc ni cruel ni impraticable; il n'y auroit pas même une ombre de difficulté dans
une société neuve : bien plus, ceux qui le dé-
crieront le plus seront les premiers à le réclamer, et à crier à l'injustice, si on vouloit en
suivre un autre ; car, étant les plus foibles, ils
courroient risque de ne rien avoir du tout.
Pourquoi donc voudroient-ils que ce qui seroit injuste et cruel alors, fût juste et humain
aujourd'hui? Y a-t-il deux morales? ou celle
de nos jours doit-elle varier selon leurs intérêts? Il faudroit, pour cela, qu'un nom, un
titre, ou une brillante guenille, eussent sur

Dieu le même effet que sur les imbécilles mortels.

Treizième objection. — Si les hommes naissoient bons, comme vous le supposez presque toujours, votre système pourroit peut-être leur convenir; mais l'expérience a prouvé que la plupart naissent avec des inclinations· perverses.

Réponse. — Nous ne prétendons pas que les hommes naissent bons; nous croyons qu'ils resteroient à peu près indifférens pour tous les objets qui ne seroient pas ceux de leurs appétits naturels, s'ils n'étoient pas biaisés par nos institutions; mais, s'ils ne naissent pas plutôt bons qu'autrement, nous croyons fermement qu'on pourroit les rendre tels par une bonne éducation, et surtout de bons exemples; car les hommes sont, en général, ce qu'on les fait; une éducation libérale et hardie fait des cœurs grands, mâles, braves et généreux : le Spartiate étoit dur et intrépide, le Sybarite efféminé et poltron, l'Athénien parloit du grand roi avec un souverain mépris, le Persan l'adoroit, un jeune Américain ne craint que les lois, et le plus arrogant Espagnol tremble devant un inquisiteur; l'Anglois est fier et insolent, l'Italien

plat et flatteur; le Germain ne parle à son seigneur qu'en tremblant, le Batave avec un
flegme imperturbable; le soldat russe se dé-
couvre toutes les fois qu'il passe devant le lo-
gis de son commandant; le soldat français ne
salue le sien que pour ne pas détruire la dis-
cipline militaire; l'Asiatique s'abandonne avec
délices à la sodomie, l'Américain l'a en horreur; l'Européen est brave et laborieux; l'In-
dien paresseux et lâche; et tout cela par l'effet
de leurs différentes institutions. Cela est si vrai,
que l'on voit des peuples aujourd'hui d'une
poltronnerie étonnante, qui demain seront des
lions dans les combats, par cela seul que leurs
institutions auront changé. Deux générations
ne s'écouleroient pas avant que notre société
fût au niveau des siennes : la seule difficulté
est de faire sortir la génération actuelle de ce
bourbier de préjugés, de vices et de mauvaises
habitudes, où nos vieilles institutions l'ont plongé,
et où elles cherchent à l'enfoncer de plus en
plus. Nous avouons que c'est une tâche difficile : il n'y aura peut-être qu'un excès de tyrannie, ou quelque fanatique religieux, qui
puissent opérer ce miracle; il lui seroit certainement plus aisé qu'il ne l'a été à Luther et à

Calvin d'établir le protestantisme en Allemagne, en Hollande, en Suisse, et dans quelques provinces de France.

Quatorzième objection. — Vos règlemens sur la séduction sont iniques; car une femme qui aura jeté son dévolu sur un homme qui l'aura hantée, mais qui se sera dégoûté d'elle, n'aura qu'à se prostituer secrètement à un autre, pour forcer le premier à l'épouser, ou le condamner au célibat.

Réponse. — Cette hypothèse suppose une dépravation qui n'est pas vraisemblable : d'ailleurs, la femme se puniroit elle-même, ou s'exposeroit à être malheureuse tout le temps de sa vie, ce qui ne l'est pas davantage : mais, supposons que cette hypothèse soit fondée, peut-on objecter au nouveau système un inconvénient qui est infiniment plus grand et plus commun dans le vieux? De plus, cet inconvénient n'est-il pas préférable aux maux qu'il prévient? N'est-il pas moins mauvais que quelques hommes soient victimes du caprice de quelques femmes, que de voir tant d'infanticides, tant de femmes séduites, et plus lâchement abandonnées. Au reste, nous ne connoissons point de remède plus efficace que celui que nous proposons : s'il est inadmissible, comme l'imperfection à laquelle on veut remédier l'est encore davantage en bonne morale, il s'ensuivra..... à peu près tout ce que l'on voudra.

Quinzième objection. — Quoique nos jurys actuels soient composés d'hommes choisis par les agens du gouvernement, plusieurs coupables échappent encore au châtiment; combien, à plus forte raison, n'en échappera-t-il pas dans votre société, où les jurés seront tous indépendans?

Réponse. — Cette indépendance ne leur fera jamais porter des jugemens dont la trop grande douceur compromettroit leur bonheur et leur tranquillité : sachant bien, d'ailleurs, que ceux qui sont en jugement n'ont pu y être déférés par le caprice de quelque tyran subalterne ou suprême, ou par le seul effet de la vengeance. Ils auront plus de motifs de le croire coupable, et par conséquent moins de répugnance à le condamner. Il n'en est pas ainsi dans le système actuel : la vengeance et l'arbitraire y sont si communs, les lois si cruelles et si égoïstes, qu'un jury un peu délicat ne prononce le mot fatal qu'en tremblant, dans la crainte de condamner une victime de la haine ou de la tyrannie.

Seizième objection. — Vous dites que les pe-

tites cultures produisent plus que les grandes;
cependant, Arthur Young, célèbre agriculteur
anglois, a prouvé le contraire.

Réponse. — Arthur Young, grand partisan
d'une espèce d'aristocratie agricole, a peut-être
cru le prouver; mais, l'a-t-il fait? C'est une
question. Nous tomberions aisément d'accord
avec lui, s'il entendoit que de misérables cultures, où l'on peut à peine entretenir une vache
et un âne, ou un mauvais cheval, produisent
moins, même perche pour perche, que celles
de cinquante ou cent hectares; mais nous sou-
tiendrons hardiment, qu'une culture de dix ou
douze hectares est ordinairement mieux labourée que celles de cent ou deux cents,
comme Young voudroit qu'elles fussent. Nous
pourrions nommer, à l'appui de notre assertion, un homme qui, avec dix hectares de
terre de moyenne qualité, et sans aucune autre
industrie, a presque triplé sa fortune en quarante ans, et élevé sa famille très-décemment.
Nous doutons que Young ait fait plus, et cependant il n'a rendu qu'une famille heureuse;
tandis que son ample patrimoine, divisé en
cultures de dix hectares, auroit fait le bonheur
de trente.

Dix-septième objection. — Vous conseillez

bien à votre aise de former des cultures; mais, que ferez-vous, si, lorsque les limites seront posées et les bâtimens construits, elles se trouvent trop grandes, ou trop petites, par l'effet de la fertilité, de la stérilité ou de l'amélioration du sol? Vous serez obligé de tout renverser, pour recommencer de nouveau.

Réponse. — Il faudroit une bien grande maladresse, pour tomber dans cet inconvénient dans les pays en pleine culture : l'on peut y parer, dans ceux en friche, en ne faisant rien à demeure avant d'avoir bien déterminé, par l'expérience de quelques années, le degré de fertilité du sol.

Dix-huitième objection. — Vous estimez les terres de non valeur au quart de la surface solide du globe; cependant elles vont à un tiers au moins, sans compter les chemins de traverse.

Réponse. — Cela peut être en Afrique, et même dans les autres parties du monde, en y comprenant les Zônes glaciales; mais l'on doit se rappeler que nous n'avons compris dans notre calcul que ce qui est en-deçà du 51.e degré de latitude nord et du 50.e sud. Quant à l'Afrique, la grande fertilité du bon terrain balance bien la grande quantité du mauvais,

puisque, dès le temps d'Hérodote, il y en avoit
qui rapportoit trois cents pour un; et d'autres,
selon Malte-Brun, où l'herbe a jusqu'à treize
pieds de haut, il s'y en trouve même dont un
arpent produit assez en fruits, racines ou céréales, pour faire subsister une famille entière.

Dix-neuvième objection. — Vous prétendez
détruire toutes les causes de l'envie; mais celui
qui aura une culture de mauvais terrain ne
portera-t-il point envie à celui qui en aura
une d'excellent, ne fut-ce qu'à cause de la différence du travail?

Réponse. — Si cette culture de mauvais terrain est celle où il est né, ou bien sa voisine,
cette heureuse disposition, qui nous fait préférer le pays qui nous a vu naître à tout autre,
empêchera tout mouvement de jalousie, s'il y
en a, d'avoir des effets dangereux. Le propriétaire pourroit peut-être désirer que son
mauvais terrain fût changé en bon; mais il se
consolera, en pensant qu'un sol médiocre ou
mauvais offre des avantages que le bon ne
peut avoir, qui sont : 1.º d'être infiniment plus
salubre; 2.º d'avoir un champ plus vaste pour
exercer son industrie; 3.º une plus grande va-
riété de productions et d'animaux utiles; 4.º plus

de chances de ne pas être entièrement privé de récoltes; parce que, si une espèce manque ou est détruite, l'autre réussit ou échappe. Quant à la différence du travail, elle est si petite, qu'elle n'excitera jamais de jalousie.

Vingtième objection. — Toute société où il n'y a ni pauvres, ni esclaves, doit périr, parce que personne ne voudra se charger de travaux durs, dangereux, vils ou sales : il n'y a que la faim ou la crainte qui puissent y résoudre. Or, rien de tout cela ne peut exister chez vous : donc, ou votre société n'existera point, ou périra bientôt.

Réponse. — Cette objection roule, en grande partie, sur le principe que l'homme est si paresseux, qu'il ne travailleroit jamais sans y être forcé, de quelque manière que ce soit; principe faux, s'il en fût jamais; car un des premiers besoins de l'homme, du moins dans nos climats, est l'activité. Voyez l'enfant, il n'est pas plutôt au monde, que tous ses membres sont dans un mouvement continuel; dès qu'il sait marcher, il ne voit rien faire qu'il ne cherche à l'imiter; tous ses petits jeux sont autant d'exercices. Combien de riches et de princes eux-mêmes ne peuvent rester tranquilles? Les uns sont tourneurs, les autres horlogers, serruriers, etc.; d'autres se livrent aux travaux non moins fatigans du cabinet; et ceux qui sont trop bornés pour s'occuper utilement, tuent le temps à la chasse, au billard, à l'escrime, à la danse, et autres semblables exercices: il suffit donc de diriger cet instinct d'activité vers un but honnête et utile, et de ne point l'user par trop de tension; et c'est ce qui a lieu dans notre système, où tout travail est utile, et cependant un amusement. Quant aux professions dangereuses, elles seroient beaucoup moins nombreuses qu'à présent; la teinturerie, par exemple, seroit absolument nulle. L'on en peut dire à peu près autant de la plupart des ouvrages sales: d'ailleurs, chacun faisant les siens, la tâche seroit bientôt remplie. Pour les vils, comme l'on ne doit appeler tels que ceux qui sont inutiles, ou qui sentent l'esclavage, l'on ne peut pas nous les objecter; car, bien sûr, l'on ne trouvera chez nous ni videurs de pots de chambres, ni passe-culottes, ni porte-coton, ni batteurs d'habits, ni porte-queue, ni friseurs de profession, ni instituteurs de chiens et de chevaux, ni jongleurs, ni prostituées; et, assurément, nous sommes fiers que, dans notre système, personne ne soit obligé d'avoir recours à de pareils moyens pour se procurer du pain; et, puisqu'on est obligé d'y avoir recours dans le vôtre, c'est une preuve évidente qu'il est bon à mettre de côté; car, ce ne peut être que contre la volonté du Créateur, qu'une portion de la société soit condamnée à des occupations si honteuses ou si criminelles, sous peine de mourir de faim.

CONCLUSION.

Si ce système offre encore bien des difficultés qui ne sont pas aplanies, il ne faut pas attribuer cette imperfection à un vice de principe, mais bien à la débilité de l'esprit humain, qui ne peut tout voir à la fois, ni tout prévoir : c'est au temps à y suppléer, et il y suppléera sans doute; car, la vérité se fait jour tôt ou tard, même en dépit de tous les efforts de ses ennemis et de ceux de la raison. Quant aux autres objections que l'on pourroit faire maintenant, il y en a une qu'il n'est pas encore temps de résoudre; les autres sont fondées sur le plus odieux égoïsme, et tombent également sur le système actuel : ainsi, l'on n'a pas droit de nous les faire.

Il ne nous reste donc plus qu'à prier le Lecteur de se dépouiller de tout esprit de parti, de tout sentiment d'orgueil, d'écarter, autant que possible, tous les préjugés de l'enfance et de l'éducation, de faire moins d'attention à la fonte de cet ouvrage, à l'inélégance du style, et aux légères incorrections qui peuvent s'y trouver, qu'à la vérité ou à la fausseté des principes et des argumens qu'il contient; de sonder sa conscience, de consulter cette voix intérieure qui ne trompe jamais l'homme véritablement sincère; et, après s'être mis ainsi bien d'aplomb sur lui-même, de prononcer sur le mérite ou démérite des deux systèmes en question. Mais ce n'est pas assez d'être convaincu, il faut encore être conséquent : ainsi, ceux qui croiront intérieurement notre système conforme à la raison et à l'Evangile, doivent, dirons-nous, chercher à l'établir? Non, ce seroit trop exiger de la plupart des lecteurs; mais voici, au moins, ce que nous avons droit d'attendre : 1.º que ceux qui prennent le temps comme il vient, ne soutiendront point l'ancien système, et ne mettront aucun obstacle aux progrès du nouveau; 2.º que tous ceux qui se piquent d'être justes et religieux blâmeront celui-là et loueront celui-ci, toutes les fois que l'occasion s'en présentera. Quant aux charlatans religieux et politiques, nous n'avons pas eu la prétention de les convertir; car, le moyen de convaincre des hommes qui ont juré de ne pas l'être? Cela ne les empêchera peut-être pas de nous en vouloir; car

18

notre système les mettra nécessairement à la torture : s'ils l'admettent, ils seront obligés de s'y conformer, en tout ou en partie, sous peine de passer pour des hypocrites; ce qui ne leur plaira guères : s'ils le rejettent sans alléguer de bonnes raisons, on les regardera comme des fripons déhontés; ce qui ne leur plaira pas davantage. Pour parer à ces inconvéniens, ils pourroient bien faire usage de ces argumens que l'on appelle irrésistibles; mais nous n'avons pas cru que ces considérations dussent nous empêcher de tenter la publication d'un ouvrage si évidemment entrepris dans l'intérêt de la vérité, de la justice et de l'humanité.

Quoique nous soyons bien convaincus de la solidité de nos principes; cependant, comme nous n'avons pas la prétention de vouloir passer pour infaillibles, nous ne serons pas fâchés qu'on les critique; et, si cette critique porte la conviction dans notre cœur, nous l'avouerons sincèrement, vu que la découverte de la vérité est un de nos principaux buts : si les argumens ne nous paroissent pas concluans, nous essayerons de les réfuter, à moins qu'ils ne soient trop fortement marqués au coin de la passion, de l'égoïsme, ou de la mauvaise foi.

FIN.

TABLE
DES CHAPITRES.

PREMIÈRE PARTIE.

SECONDE PARTIE.